CAHIERS

▶ n° 161 / 2ᵉ trimestre 2020

PHILOSOPHIQUES

CAHIERS PHILOSOPHIQUES
est une publication de la Librairie Philosophique J. Vrin
6, place de la Sorbonne
75005 Paris
www.vrin.fr
contact@vrin.fr

Directeur de la publication
DENIS ARNAUD

Rédactrice en chef
NATHALIE CHOUCHAN

Comité scientifique
BARBARA CASSIN
ANNE FAGOT-LARGEAULT
FRANCINE MARKOVITS
PIERRE-FRANÇOIS MOREAU
JEAN-LOUIS POIRIER

Comité de rédaction
ALIÈNOR BERTRAND
LAURE BORDONABA
MICHEL BOURDEAU
JEAN-MARIE CHEVALIER
MICHÈLE COHEN-HALIMI
FRÉDÉRIC FRUTEAU DE LACLOS
JACQUES-LOUIS LANTOINE
BARBARA DE NEGRONI
STÉPHANE MARCHAND
SÉBASTIEN ROMAN

Sites internet
www.vrin.fr/cahiersphilosophiques.htm
http://cahiersphilosophiques.hypotheses.org
www.cairn.info/revue-cahiers-philosophiques.htm

Suivi éditorial
MARGOT HOLVOET

Abonnements
FRÉDÉRIC MENDES
Tél. : 01 43 54 03 47 – Fax : 01 43 54 48 18
abonnement@vrin.fr

Vente aux libraires
Tél. : 01 43 54 03 10
comptoir@vrin.fr

La revue reçoit et examine tous les articles, y compris ceux qui sont sans lien avec les thèmes retenus pour les dossiers. Ils peuvent être adressés à : cahiersphilosophiques@vrin.fr. Le calibrage d'un article est de 45 000 caractères, précédé d'un résumé de 700 caractères, espaces comprises.

ISSN 0241-2799
ISSN numérique : 2264-2641
ISBN 978-2-7116-6013-1
Dépôt légal : novembre 2020
© Librairie Philosophique J. Vrin, 2020

SOMMAIRE

ÉDITORIAL

Carnap est, avec Neurath et Hahn, un des auteurs du *Manifeste du Cercle de Vienne* paru en 1929. Ce texte d'une importance capitale, d'autant plus marquant qu'il aura une large audience *internationale* et fera l'objet de nombreuses lectures et critiques, promeut un rejet de la métaphysique au profit d'une « conception scientifique du monde », seule à même d'éviter les faux problèmes philosophiques et les explications irrationnelles. Mise en exergue dans le *Manifeste*, l'analyse logique a vocation à devenir une méthode universelle, permettant d'examiner et discriminer la prétention à la scientificité de toute proposition ou théorie.

S'il s'agit au premier chef d'exposer la nécessité de l'empirisme ou du positivisme logique, les enjeux des prises de position du Cercle de Vienne sont loin d'être exclusivement logique et épistémique. Le texte invite d'ailleurs à forger « les outils intellectuels de l'empirisme moderne nécessaires pour donner forme à la vie publique et privée »[1]. La critique de la métaphysique qui vise « l'obscurantisme » en général autant que le « conservatisme social », s'accompagne d'un projet d'émancipation politique étayé sur le travail de la science et l'usage de la raison. « La conception scientifique du monde sert la vie et la vie la reçoit »[2].

La plupart des membres du Cercle se reconnaissent héritiers de l'esprit des Lumières mais certains d'entre eux, tout particulièrement Neurath, prennent une part active aux combats politiques du temps. Dans la mesure où la science donne accès à des énoncés universels indiscutables, le rejet de toutes les formes de nationalisme, de particularismes traditionnels en découle nécessairement. Cela constitue d'ailleurs une des bases du rapprochement avec le Bauhaus. Les deux mouvements ont les mêmes ennemis : « la droite religieuse, les nationalistes et les anthroposophes, les *völkisch*, les nazis et cela les rapproche encore plus de la vie commune qu'ils ont en tête »[3]. Au-delà de ces rejets partagés, l'architecture moderne et le positivisme logique convergeaient de multiples manières. Lors d'une conférence à Dessau en octobre 1929 dans les locaux du Bauhaus, Carnap s'exprime dans ces termes : « Je travaille sur la science et vous sur les formes visibles. Ce ne sont que les deux côtés différents d'une même vie ».

La recherche d'une « construction transparente » partant de l'élémentaire pour arriver jusqu'aux formes supérieures en philosophie comme en architecture correspondait au souhait commun de déployer une « philosophie non philosophique » et une « esthétique non esthétique »[4].

Le lecteur d'aujourd'hui, qu'il soit philosophe, physicien, architecte ou autre, ne peut qu'être frappé par la densité et la qualité de échanges qui ont

---

■ 1. *Cf.* C. Bonnet, « Carnap *Aufklärer* », p. 68.
■ 2. *Manifeste...*,cité par C. Bonnet, p. 60.
■ 3. *Cf.* P.Galison, « Aufbau/Bauhaus : positivisme logique et modernisme architectural », p. 95.
■ 4. *Ibid.*, p. 122.

cours au sein et autour du Cercle de Vienne. Carnap, dans le déploiement de son cheminement propre, a souligné la fécondité de l'atmosphère de travail caractéristique du Cercle, faite d'absence de dogmatisme et de discussions théoriques sans concession.

En 1928, la parution de *La construction logique du monde* (*Der Logische Aufbau der Welt*), œuvre majeure de Carnap, précède de peu la rédaction du *Manifeste*. Dans la Préface, Carnap met en avant l'existence d'une « même attitude fondamentale », d'un « même style de penser et d'agir », qui, dans tous les domaines, s'attache à « donner à la vie humaine une forme rationnelle », à « introduire la clarté […], tout en reconnaissant la complexité de la vie qui n'est jamais totalement pénétrable » [5]. Neurath, rédige un compte-rendu enthousiaste de cet ouvrage dans *Der Kampf*, geste qui inaugure une amitié durable et débouche sur la constitution du Cercle en 1929 [6].

Quitter le terrain de la science, « retomber » dans la métaphysique et poser des questions « dénuées de sens », est une des plus grandes craintes partagée par les positivistes logiques et une des critiques les plus rédhibitoires susceptibles de viser une thèse ou un raisonnement. Ainsi, le *Tractatus* de Wittgenstein, quoique grande source d'inspiration pour le Cercle et en particulier pour Carnap, fut jugé trop métaphysique par certaines de ses thématiques [7]. L'exploration du travail de Carnap, à travers les différents articles de ce numéro, fait toutefois opportunément ressortir la complexité de cette démarcation avec « la métaphysique », la nécessité de remettre régulièrement en discussion les séparations une fois effectuées entre ce qui a du sens et ce qui n'en a pas. Il n'existe pas de caractérisation définitive de ce qui fait ou non partie de la métaphysique, de ce qui relève ou non de la science.

On pourrait considérer que ces remises en question donnent à la philosophie de Carnap un tour imprévisible voire erratique. N'a-t-il pas « renié » – le terme est discutable – cet ouvrage majeur qu'est l'*Aufbau…* ? Ou fait le choix, suite à sa rencontre avec Tarski, de se tourner vers la « sémantique », au grand désespoir de Neurath qui se dit « vraiment déprimé de voir ici toute la métaphysique aristotélicienne dans tout son éclat glamour ensorcelant [son] ami Carnap de la tête aux pieds » [8].

Pourtant, qu'il s'agisse du statut de l'espace, des catégories, du langage ou d'autres questions issues de la métaphysique, Carnap manifeste plutôt une exigence constante d'affronter les problèmes qu'il construit sans dogmatisme, exigence qui le conduit parfois à franchir des lignes réputées infranchissables, à emprunter à des sources réputées incompatibles, au risque d'être identifié comme un « opportuniste » philosophique [9].

Aux yeux de Carnap, même les questions dénuées de sens ne doivent pas cesser d'intéresser le philosophe car elles sont porteuses d'enseignements. Ainsi, les métaphysiciens visent-ils quelque chose d'essentiel lorsqu'ils tentent de comprendre le « sentiment de la vie » mais ils ne peuvent qu'échouer dans

■ 5. *Cf.* R. Carnap, *La construction logique du monde*, trad. fr. Th. Rivain, Paris, Vrin, 2002, p. 55.
■ 6. *Cf.* H. J. Dahms, « Rudolf Carnap et Otto Neurath », p. 75.
■ 7. *Cf.* F. Schmitz, « Carnap, Quine et l'analyticité », p. 42.
■ 8. *Cf.* H. J. Dahms, « Rudolf Carnap et Otto Neurath », p. 86.
■ 9. *Cf.* P. Wagner, « Carnap, l'espace et le néokantisme », p. 20.

cette recherche car ils sont comme des « musiciens sans talent musical ». C'est à l'art qu'il revient, non de connaître, mais d'exprimer ce sentiment. Dans le même temps, il importe de déployer la conception scientifique du monde. Cela conduit le positivisme logique à reprendre de fond en comble plusieurs questions qui ont une importance cruciale pour la connaissance. C'est le cas de l'espace qui, depuis l'Esthétique transcendantale, est pensé comme condition de possibilité *a priori* de l'intuition sensible, au sein d'une reprise critique de la métaphysique. Ni l'idée d'intuition ni celles corrélatives de sujet transcendantal ou de synthèse sous des concepts *a priori* ne sont recevables du point de vue du positivisme logique. Ce ne sont que des fantasmagories métaphysiques. La notion d'espace n'en demeure pas moins à la base de toute théorie de la connaissance.

Carnap s'intéresse à l'espace au début de son cursus philosophique dans un contexte où l'héritage de Kant fait l'objet de controverses entre l'idéalisme allemand d'un côté et le néo-kantisme de l'autre, qui prend la forme d'un retour à Kant – sous réserve qu'une plus grande place soit faite aux sciences positives.

Les recherches en mathématiques et en physique, postérieures à la *Critique de la Raison Pure*, qu'il s'agisse de l'axiomatisation de la géométrie, de la mise en évidence des géométries non euclidiennes, de la construction d'espaces à plus de trois dimensions, ou de la transformation profonde des rapports entre l'espace mathématique et l'espace physique à partir de la théorie de la relativité remettent en question l'intuition *a priori* d'un espace euclidien à trois dimensions. Face à ces contradictions, la thèse de Carnap consiste à montrer que ces oppositions proviennent d'une confusion entre plusieurs significations de l'espace mais aussi plusieurs sortes d'espace qu'il est nécessaire de différencier. Il distingue ainsi un espace formel, un espace de l'intuition et un espace physique. Sa démarche ne consiste pas à s'affranchir purement et simplement de l'héritage kantien, bien plutôt à essayer de débrouiller l'écheveau complexe de l'Esthétique transcendantale afin de parvenir à une position compatible avec les bouleversements des sciences mathématique et physique. La solution qu'il retient est à la fois kantienne – on accepte l'idée d'un espace a priori condition de possibilité de l'expérience en général – et non kantienne, lorsqu'il s'agit de déterminer la nature exacte de cet espace [10]. Carnap se situe du côté du néo-kantisme plutôt que de l'idéalisme allemand sans prêter allégeance à aucune des positions néo-kantiennes constituées dont il est contemporain.

Les catégories, autre notion centrale de la métaphysique, font aussi l'objet d'un réexamen [11]. Il s'agit à la fois de se demander s'il est nécessaire de maintenir les catégories et ce que peut être une catégorie pensée de façon non métaphysique. Carnap suit là aussi une voie originale et c'est dans l'*Aufbau* que les catégories – plus précisément les « notions catégorielles » – ont un rôle éminent en vue d'une « construction logique du monde ».

■ 10. *Ibid.,*p. 16.
■ 11. *Cf.* A. Klev, « Carnap et les catégories ».

Depuis son origine aristotélicienne, la doctrine des catégories se situe à l'intersection du logique et de l'ontologie. Celle-ci relève assurément de la métaphysique et non de la science. Carnap, qui a suivi l'enseignement de Frege, a connaissance de sa théorie des types. Le « type » est l'équivalent de la notion de catégorie dans la syntaxe logique inventée par Frege et matérialisée par son Idéographie. Même si elle est conçue tout autrement, on retrouve une dualité au sein de ce qui relève des catégories, puisque ce sont tantôt des expressions, tantôt des entités non linguistiques comme des nombres ou des fonctions.

Afin de développer sa théorie de l'unité de la science, Carnap, dans le sillage de Frege et Russell, fait appel aux notions de « sphères d'objets » et d'« espèces d'objet » qui sont assimilables à des catégories. « Une sphère d'objets est la portée d'une variable individuelle, un domaine d'individus »[12]. Un système de « sphères d'objets » est ainsi un système de catégories matérielles, et non de catégories formelles.

La notion d'« espèces d'objets » introduite dans l'*Aufbau* n'a quant à elle pas de caractère logique. Il s'agit pourtant bien d'un système de catégories par lequel Carnap distingue dans le monde les objets physiques, les objets psychiques, eux-mêmes divisés en objets auto-psychiques et hétéro-psychiques et les objets culturels ou spirituels. Ces « espèces d'objets » sont à rapprocher des « régions » dans la terminologie de Husserl.

La thèse de l'unité de la science est essentielle pour le positivisme logique. Grâce aux « notions catégorielles » auxquelles il fait appel, Carnap montre que la science est une si elle n'a à étudier qu'une seule « espèce d'objets ». Il suppose d'abord que cette espèce unique est celle des « objets auto-psychiques » puis face aux nombreuses difficultés soulevées par cette hypothèse, notamment sous l'angle de l'intersubjectivité, il bascule vers les « objets physiques ». Carnap et Neurath s'aventureront très loin dans l'exploration d'un physicalisme radical, avant de se séparer sur la question du langage dans le cadre de la controverse sur la sémantique.

La discussion avec Quine à propos de la distinction entre jugement analytique et synthétique est elle aussi représentative de la façon de travailler de Carnap. S'il mène avec Quine un débat « d'une rigueur et d'une honnêteté exemplaire »[13], il ne se laisse pas pour autant détourner de ses propres conclusions théoriques.

Carnap reprend à son compte la thèse de Wittgenstein dans le *Tractatus* : les énoncés logiques et mathématiques ne disent rien du monde, ils sont vides de sens. Il faut maintenir la distinction entre les énoncés analytiques (logiques et mathématiques) et les énoncés synthétiques *a posteriori* qui ont un contenu factuel. Il n'existe pas de jugement synthétique *a priori*. Mais comment concevoir la distinction entre les énoncés analytique et synthétique ? Carnap introduit un succédané syntaxique de la notion de signification. Il nomme « contenu » d'un énoncé, l'ensemble de ses conséquences non analytiques c'est-à-dire l'ensemble des énoncés susceptibles d'être faux. Mais il n'est pas satisfait de la réduction de la notion de signification à la notion syntaxique

12. *Ibid.*, p. 33.
13. *Cf.* F. Schmitz, « Carnap, Quine et l'analyticité », p. 39-58.

de « contenu » et plus généralement des notions sémantiques à des notions syntaxiques. Cela le conduit à une nouvelle approche en termes directement sémantiques soit l'idée d'une logique *intensionnelle*. Quine estime que Carnap est nécessairement pris dans un cercle et qu'il n'est pas possible de disposer de critères permettant de différencier vraiment les énoncés analytiques des énoncés synthétiques. Sans se dérouter, Carnap répond par un livre – *Meaning and necessity* – dans lequel il développe l'idée qu'il y a des règles sémantiques internes au langage.

Cette place faite à la sémantique est-elle un tournant dans la pensée de Carnap ? Tel est bien l'avis de Neurath qui y voit même une régression vers la métaphysique. On peut aussi considérer que Carnap en découvre la nécessité de l'intérieur de problèmes qui ne pourraient sans cela être résolus et constater qu'il n'y avait pas de « dogme syntaxique » chez Carnap. De même que l'intérêt de Carnap pour l'esperanto comme langue internationale ne s'est jamais démenti, au rebours de positions – celle de Wittgenstein notamment – qui en soulignaient la vanité. Le trajet philosophique de Carnap n'est pas linéaire quoique ce dernier suive avec constance les problèmes qui importent à la conception scientifique du monde.

Nathalie Chouchan

DOSSIER

R. Carnap

CARNAP, L'ESPACE ET LE NÉOKANTISME

Pierre Wagner

Bien que Carnap soit surtout connu pour son appartenance à l'empirisme logique, qui rejette le synthétique *a priori* et la métaphysique kantienne en général, sa thèse sur l'espace (1922) fut rédigée dans le double contexte des multiples variétés du néokantisme et d'une réflexion mathématique, physique et philosophique sur le concept d'espace. Dans cette thèse et dans le mémoire de 1920 sur la géométrie, il s'efforce de surmonter les difficultés soulevées par le concept d'espace en en distinguant plusieurs significations et plusieurs sortes. Ce faisant, il défend une position originale qui emprunte aux différentes formes du néokantisme de l'époque sans se réduire pour autant à aucune d'elles.

L e mouvement philosophique de l'empirisme logique, né dans l'Europe centrale de l'entre-deux-guerres, est connu pour son opposition à quelques-unes des principales thèses de la philosophie kantienne. En témoignent le *Manifeste du Cercle de Vienne* (1929) qui rejette explicitement « l'apriorisme kantien »[1] et plus généralement les textes que Carnap, Neurath, Reichenbach, Schlick et d'autres représentants du mouvement firent paraître au cours des années trente. Tous écartent le sujet transcendantal, les jugements synthétiques *a priori* aussi bien que l'intuition comme principe explicatif de la connaissance, au motif que ces principes relèvent d'une métaphysique dépourvue de signification qu'il convient de dépasser, voire d'éliminer, au profit d'une pensée plus proche de la rationalité scientifique, qu'elle soit logique, mathématique ou expérimentale. S'ils ne bannissent pas entièrement l'*a priori*, ils ne le conçoivent assurément

---

▥ 1. *La conception scientifique du monde. Le Cercle de Vienne*, trad. fr. B. Cassin *et al.*, dans A. Soulez (éd.), *Manifeste du Cercle de Vienne et autres écrits*, Paris, Vrin, 2010, p. 113. Ce texte militant rédigé par R. Carnap, H. Hahn et O. Neurath et publié anonymement en 1929 est connu sous le titre de « Manifeste du Cercle de Vienne ».

pas comme synthétique ou fondé dans l'intuition mais comme analytique ou relatif au langage. Dans *Le Développement du Cercle de Vienne et l'avenir de l'empirisme logique*, Neurath estime que l'un des traits distinctifs de la philosophie autrichienne, qui font la différence avec la philosophie allemande, est qu'elle a su s'éviter « l'entr'acte kantiste [*sic*] »[2] et lorsque Coffa distingue une « tradition sémantique » dans laquelle s'inscrit l'empirisme logique, il l'oppose au positivisme et au kantisme[3].

Cette mise à distance de la philosophie kantienne de la connaissance n'est pas l'effet d'un simple préjugé. Elle s'explique par les recherches mathématiques et physiques postérieures à la publication de la *Critique de la raison pure*, qui semblaient mettre sérieusement en difficulté certaines idées fondamentales du philosophe de Königsberg. Les recherches sur la géométrie et l'espace au XIXᵉ et jusqu'au début du XXᵉ siècles furent particulièrement importantes à cet égard. On pense ici en particulier aux travaux de Pasch et de Hilbert sur l'axiomatisation de la géométrie, qui établissent qu'une démonstration géométrique peut, au moins en principe, se passer entièrement de tout recours à l'intuition ; à la renaissance, deux siècles après Desargues,

> Il n'était rien moins qu'aisé de se débarrasser des conceptions kantiennes

de la géométrie projective que la philosophie critique ne prend nullement en considération ; au développement, à l'époque de Felix Klein, des géométries dites « non euclidiennes » qui montrent que les lois de la géométrie d'Euclide et de Descartes n'ont pas la nécessité que semble leur attribuer Kant dans sa philosophie de la connaissance ; aux découvertes de Gauss et de Riemann qui généralisent le concept d'espace au-delà des trois dimensions traditionnelles et introduisent l'idée de courbure de l'espace en un point ; ou encore aux travaux de Helmholtz sur les fondements de la géométrie qui relativisent notre perception de l'espace à des conditions physiologiques qui n'ont rien d'*a priori*. À quoi l'on peut ajouter, au début du XXᵉ siècle, les théories einsteiniennes de la relativité, restreinte puis générale, qui remettent profondément en question le rapport de l'espace mathématique à l'espace physique tel que Kant l'avait conçu. Au XIXᵉ siècle, le bouleversement de la géométrie et des conceptions traditionnelles de l'espace est tel qu'il semble très difficile, dans les premières décennies du siècle suivant, de vouloir encore suivre à la lettre la philosophie kantienne de la connaissance, étroitement dépendante de la philosophie de l'espace exposée dans l'*Esthétique transcendantale*. Kant ne pouvait évidemment pas anticiper l'histoire ultérieure des mathématiques et de la physique.

Depuis la fin du XVIIIᵉ siècle, la révolution copernicienne en philosophie avait cependant si profondément marqué les esprits – touchant la philosophie de la connaissance en général et la pensée de l'espace en particulier – qu'il

■ 2. O. Neurath, *Le Développement du Cercle de Vienne et l'avenir de l'empirisme logique*, Paris, Hermann, 1935, p. 12. Cette traduction *sui generis*, qui remonte à 1935, est due au Général Vouillemin. L'original allemand du texte de Neurath est aujourd'hui perdu.

■ 3. A. Coffa, *The Semantic Tradition from Kant to Carnap*, Cambridge, Cambridge University Press, 1991, p. 1.

n'était rien moins qu'aisé de se débarrasser purement et simplement des conceptions exposées par Kant dans la *Critique de la raison pure*. Pour un grand nombre de penseurs qui n'étaient pas prêts à renoncer à la philosophie critique, la question n'était pas tant de savoir par quoi il allait être possible de remplacer la doctrine kantienne de l'espace que de mesurer ce qu'il était possible d'en préserver sans contredire les enseignements de la science dans son évolution depuis Kant. L'héritage de la pensée kantienne n'était du reste pas du tout univoque et le philosophe de Königsberg avait inspiré des traditions multiples, qui avaient suivi des voies parfois divergentes, car les héritiers de Kant n'avaient pas tous retenu les mêmes leçons de la philosophie critique. Ainsi, les pensées que l'on réunit habituellement sous la bannière de l'idéalisme allemand peuvent se comprendre comme un prolongement, et un dépassement, de la pensée kantienne, alors même que le courant néokantien, symboliquement représenté par le slogan « *zurück zu Kant* » compris comme un retour à une philosophie plus à l'écoute de ce que les sciences positives ont à nous apprendre, se développa ultérieurement, à partir des années 1860, *en opposition* à l'idéalisme allemand. Dès avant 1860, dans un discours célèbre « Sur le voir humain » prononcé en 1855 à Königsberg à l'occasion d'un hommage à Kant, Helmholtz voit en celui-ci un héritier des Lumières plutôt que l'inspirateur des métaphysiciens idéalistes allemands. Comme le notent Ch. Bouriau et A. Métraux dans leur présentation de la traduction française du texte, « Helmholtz est l'un des tout premiers à voir dans le criticisme kantien le modèle de ce que doit devenir l'activité philosophique : une activité moins spéculative et beaucoup plus attentive au développement des sciences, avec lesquelles elle doit étroitement collaborer »[4].

Touchant la théorie de l'espace, la question de savoir ce qu'il serait possible de retenir de l'*Esthétique transcendantale* et ce qui, *a contrario*, devrait en être abandonné, était une interrogation majeure que soulevèrent non seulement les représentants du néokantisme mais également, plus généralement, tous les penseurs qui estimaient que sur cette question, la référence à Kant ainsi qu'une prise de position à l'égard de sa pensée étaient inévitables. Les réponses apportées à cette question furent multiples, variées et souvent mutuellement incompatibles, et l'on ne s'étonnera donc pas que tel soit justement le constat que dresse Carnap au début de sa thèse sur l'espace, *Der Raum*, soutenue en 1921 et publiée dans un numéro complémentaire des *Kant-Studien* en 1922 :

> Les réponses que le siècle dernier a apportées à la question des sources de connaissance, des sortes d'objets et du domaine de validité de la théorie de l'espace sont, comme on le sait, en contradiction flagrante les unes avec les autres[5].

Or les questions philosophiques que soulève la théorie de l'espace sont d'autant plus pressantes, explique Carnap dans l'introduction de l'ouvrage, que le problème général de la connaissance en dépend, autant que la

■ 4. Ch. Bouriau et A. Métraux, « Présentation de la traduction de "Sur le voir humain (1855)" Hermann von Helmholtz », *Philosophia Scientiae*, 14-1, 2010, p. 10.
■ 5. R. Carnap, *L'Espace. Une contribution à la théorie de la science*, trad. fr. P. Wagner, Paris, Gallimard, 2017, p. 67.

construction d'une théorie mathématique de l'espace sur un fondement assuré. Force est pourtant de constater que sur des questions aussi fondamentales, le désaccord est complet même entre les meilleurs représentants de la pensée mathématique, physique et philosophique. À partir de ce constat, Carnap entend montrer que l'opposition et les contradictions dont il s'agit ne sont en fait pas aussi profondes et réelles qu'on l'imagine parce qu'elles résultent selon lui d'une confusion entre plusieurs *significations* de l'espace (*Bedeutungen des Raumes*) et plusieurs *sortes* d'espaces (*Raumarten*), qu'il importe de distinguer soigneusement si l'on veut espérer trouver une issue aux désaccords. Au terme d'un long travail d'exposition de ces distinctions, qui occupe la majeure partie de l'ouvrage, il en arrive à la conclusion suivante :

> Si les conflits, qui durent depuis si longtemps, entre les mathématiciens qui ont contesté ce qu'affirme Kant et les philosophes qui ont pris parti pour lui n'ont manifestement jamais pu aboutir à aucun résultat, c'est parce que, de part et d'autre, il n'était pas question des mêmes objets. […] Aussi les deux partis avaient-ils raison et ils auraient facilement pu s'accorder si l'on avait mis en lumière les trois significations différentes de l'espace[6].

Ces trois « significations de l'espace » sont l'espace formel, l'espace de l'intuition et l'espace physique, dont une exposition détaillée occupe respectivement les trois premières parties du livre, avant qu'une quatrième partie traite de leurs rapports mutuels. La cinquième et dernière partie de l'ouvrage est alors consacrée aux relations entre connaissance de l'espace et expérience, question qui permet en fait à Carnap de conclure par une discussion sur ce qu'il est possible, en définitive, de retenir de la doctrine kantienne de l'espace et ce à quoi il convient au contraire de renoncer.

Si la question du rapport à Kant est jugée si importante que la dernière partie de l'ouvrage lui est presque entièrement consacrée, la raison n'en est pas uniquement que le directeur de thèse de Carnap, Bruno Bauch, était un représentant notable – quoiqu'assez peu conventionnel – du néokantisme ; elle tient surtout à ce que le courant de pensée néokantien a exercé une forte influence sur la formation du jeune Carnap et que, dans le contexte du début des années vingt du XXᵉ siècle, la plupart des philosophes qui prenaient position sur la question d'une théorie de l'espace traitaient également du problème de la relation à la philosophie kantienne. Or la lecture de sa conclusion montre que le Carnap de *Der Raum* ne rejette ni les propositions synthétiques *a priori*[7] ni l'idée typiquement kantienne de l'espace comme condition de possibilité de l'expérience. En 1922, nous sommes donc encore bien loin de la mise à l'écart pure et simple de « l'apriorisme kantien » et de la métaphysique, formulée avec force et conviction dans le *Manifeste du Cercle de Vienne* de 1929. Deux articles consacrés à des questions de philosophie de la physique parus juste après *L'Espace* témoignent encore d'une fidélité à certaines idées

---

6. R. Carnap, *L'Espace, op. cit.*, p. 145.

7. Carnap parle volontiers de « propositions » (*Sätze*) synthétiques *a priori*, mais il utilise également le terme « jugements » (*Urteile*) lorsqu'il se réfère à Kant. Au début de *L'Espace*, il définit un jugement comme « tout ce qui est soit vrai soit faux » et une proposition comme « une concaténation de signes, en particulier de signes écrits, qui désigne un jugement » (*ibid.*, p. 73-74).

caractéristiques de l'héritage kantien. Ainsi, dans un article de 1923 sur la tâche de la physique, Carnap accepte encore l'idée de propositions synthétiques *a priori*, même s'il précise que c'est en un sens qui n'est « pas exactement [le] sens critico-transcendantal kantien »[8], et dans un article de 1924 intitulé « Tridimensionnalité de l'espace et causalité », il est question d'une « fonction génératrice d'objet de la pensée »[9] d'inspiration clairement néokantienne (et plus précisément marbourgienne), fort éloignée des conceptions ultérieures du Carnap des années 1930.

Qu'en est-il, à cet égard, de l'ouvrage de Carnap le plus connu des années 1920, *La Conception logique du monde* (plus communément nommé « l'*Aufbau* »), paru en 1928 mais dont la plus grande partie avait été rédigée dès 1925 et présentée en 1926 comme thèse d'habilitation[10] ? Dans ce livre, Carnap expose le projet d'une théorie de la constitution de tous les concepts de la science comme un système de définitions, sur la base duquel tout énoncé peut être réduit à des énoncés fondamentaux qui portent sur des « expériences vécues élémentaires » (*Elementarerlebnisse*). On ne trouve dans l'ouvrage aucune mention ni des jugements synthétiques *a priori* – même en un sens non critico-transcendantal – ni d'aucune « fonction génératrice d'objet de la pensée ». Mais alors que le projet de l'*Aufbau* a longtemps été interprété comme le prolongement d'une tradition empiriste par ceux qui voyaient dans la réduction mentionnée l'ambition de fonder la connaissance sur des données de l'expérience, une autre interprétation, d'inspiration kantienne ou néokantienne, y reconnaît l'ambition d'une constitution de l'objectivité à partir de données subjectives. De fait, lorsque Carnap expose le but de l'ouvrage, il est bien question d'« un système de constitution des concepts ou des objets »[11] et de la « possibilité d'une science purement rationnelle qui dépasse la subjectivité »[12]. Nous ne pouvons ici entrer plus avant dans le détail des analyses, passablement complexes, en faveur de l'une ou l'autre interprétation, d'autant qu'il en existe d'autres, et nous renvoyons le lecteur aux commentaires de l'*Aufbau*, qu'ils défendent l'idée d'un héritage néokantien ou qu'ils privilégient d'autres lectures, qui attestent en tout cas que l'empreinte du néokantisme n'est assurément pas absente de l'*Aufbau*, si différentes soient les évaluations de la profondeur et de la nature de cette empreinte[13]. L'évaluation de l'ouvrage, comme la saisie de sa genèse historique, est d'autant plus difficile qu'elle requiert la prise en considération de multiples autres

■ 8. R. Carnap, « Über die Aufgabe der Physik und die Anwendung des Grundsatzes des Einfachsheit », *Kant-Studien* 28, 1923, p. 97, reproduit in A. W. Carus et al. (eds.), *The Collected Works of Rudolf Carnap*, vol. 1, *Early Writings*, Oxford, Oxford University Press, 2019, p. 222.

■ 9. R. Carnap, « Dreidimensionalität des Raumes und Kausalität », *Annalen der Philosophie und philosophischen Kritik* 4, 1924, p. 108, reproduit dans A. W. Carus et al. (eds.), *The Collected Works of Rudolf Carnap*, *op. cit.*, p. 252.

■ 10. Le garant de cette habilitation était Moritz Schlick, le fondateur du Cercle de Vienne.

■ 11. R. Carnap, *La Construction logique du monde*, trad. fr. Th. Rivain, Paris, Vrin, 2002, § 4.

■ 12. *Ibid.*, § 13.

■ 13. Les commentaires de l'*Aufbau* forment une abondante littérature. On trouvera des exemples d'interprétations néokantiennes de l'ouvrage dans A. Richardson, *Carnap's Construction of the World*, Cambridge, Cambridge University Press, 1998, et aux chapitres 5 et 6 de M. Friedman, *Reconsidering Logical Positivism*, Cambridge, Cambridge University Press, 1999. Le chapitre 2 de Th. Uebel, *Empiricism at the Crossroads*, Chicago, Open Court, 2007, offre une analyse comparée de différentes interprétations. Sur le Carnap des années vingt, *cf.* les chapitres 2 et 3 de F. Schmitz, *Le Cercle de Vienne*, Paris, Vrin, 2009.

influences sans rapport direct avec la tradition kantienne, comme celles de Russell, de Frege, de Nohl, d'Ostwald, de Poincaré, ou encore de Nietzsche et de certains représentants de la « *Lebensphilosophie* » comme Dilthey[14].

Dès lors qu'est reconnue la marque d'une forte influence néokantienne sur le contexte dans lequel écrivait le Carnap des années vingt, se pose la question de savoir quelles leçons Carnap lui-même en a retenues et à quelle variété de néokantisme il a pu adhérer. Comme l'indique en effet fort justement le titre suggestif de l'ouvrage de Massimo Ferrari, *Retours à Kant*[15], la seconde moitié du XIXe siècle a vu fleurir un nombre considérable d'interprétations différentes du mot d'ordre « *zurück zu Kant* », qui ne se réduisent nullement aux deux écoles habituellement distinguées, celle de Marbourg (avec Cohen, Natorp ou encore Cassirer) et celle de Baden, dite « sud-occidentale » (avec Windelband, Rickert ou encore Bauch). De fait, pour ce qui concerne Carnap, il importe de prendre également en considération d'autres auteurs marqués par la pensée kantienne comme Helmholtz ou Vaihinger, bien qu'il soit souvent difficile de préciser quelle idée ou quelle thèse défendue par Carnap se rattache à quelle espèce ou sous-espèce du néokantisme, en sorte que les commentateurs ne s'accordent pas non plus sur le degré d'influence de tel auteur sur tel ou tel de ses écrits. Par exemple, dans la monographie qu'il consacre à Carnap et la pensée du XXe siècle, A. W. Carus[16] s'attache à distinguer les influences respectives de Helmholtz, Natorp, Rickert, Vaihinger, Bauch ou encore Cassirer et minimise l'influence de Rickert, sur laquelle insiste au contraire Th. Mormann dans un article sur les valeurs chez Carnap[17].

Les références à Kant, Helmholtz, Natorp, Windelband, Bauch et Cassirer sont présentes chez Carnap dès avant 1921, dans ses notes manuscrites et dans un important mémoire de 38 pages dactylographiées rédigé en 1920, consacré à l'importance philosophique (ou la *signification* philosophique, le mot allemand est « *Bedeutung* ») du problème du fondement de la géométrie, mémoire qui préfigure largement la thèse sur l'espace et permet d'en mieux comprendre la genèse[18]. Avant d'entrer plus avant dans les questions d'interprétation qui permettront de préciser s'il est possible de créditer *L'Espace* d'une forme de néokantisme et, le cas échéant, de quelle variété de néokantisme il s'agit, rappelons certains faits sur le contexte dans lequel Carnap écrivit ce texte.

Son autobiographie intellectuelle[19] nous apprend qu'en 1910, à l'âge de dix-neuf ans, Carnap s'engagea dans des études universitaires à Iéna, tout d'abord en philosophie et en mathématiques puis en physique et en

■ 14. Cf. Ch. Damböck (ed.), *Influences on the* Aufbau, Cham, Springer, 2016, et A. W. Carus, *Carnap and Twentieth-Century Thought*, Cambridge, Cambridge University Press, 2007. Sur Carnap et la *Lebensphilosophie, cf.* G. Gabriel, « Introduction : Carnap brought home », *in* S. Awodey, C. Klein (eds.), *Carnap Brought Home. The View From Jena*, Chicago, Open Court, 2004, p. 2-23.
■ 15. M. Ferrari, *Retours à Kant. Introduction au néokantisme*, Paris, Le Cerf, 2001.
■ 16. A. W. Carus, *Carnap and Twentieth-Century Thought, op. cit.*
■ 17. Th. Mormann, « Werte bei Carnap », *Zeitschrift für philosophische Forschung* 60, n°2, 2006, p. 169-189. Voir également M. Leinonen, « Assessing Rickert's Influences on Carnap », *in* Ch. Damböck (ed.), *Influences on the* Aufbau, *op. cit.*, p. 213-232.
■ 18. « Welche philosophische Bedeutung hat das Problem der Grundlegung der Geometrie ? ». Ce document inédit, rédigé pour un examen d'aptitude au professorat, est conservé à la librairie de recherche Young de l'Université de Californie à Los Angeles, où Carnap fut professeur à la fin de sa carrière, de 1954 à 1962.
■ 19. R. Carnap, « Intellectual autobiography », *in* P. A. Schilpp (ed.), *The Philosophy of Rudolf Carnap*, Chicago, Open Court, 1963, p. 3-84.

philosophie, ce qui lui donna l'occasion de participer au séminaire que Bruno Bauch consacrait à la *Critique de la raison pure*. Carnap souligne lui-même l'influence que la conception kantienne de la géométrie a pu avoir sur son travail de thèse : « Je fus fortement marqué par la conception kantienne selon laquelle la structure géométrique de l'espace est déterminée par la forme de notre intuition. On peut encore apercevoir les effets de cette influence dans le chapitre de ma thèse, *Der Raum*, consacré à l'espace de l'intuition »[20]. Au cours de l'année universitaire 1911-1912, il étudia aussi à Fribourg-en-Brisgau où il suivit avec enthousiasme les cours de Rickert. La Grande Guerre interrompit néanmoins ses études de physique mais lui donna aussi l'opportunité de suivre à Berlin, en 1917, des conférences d'Einstein sur la théorie de la relativité. Deux ans après la fin de la guerre, il formula le souhait de s'engager dans une thèse sur la construction d'un système d'axiomes pour la théorie physique de l'espace et du temps, sujet que le directeur de l'Institut de physique de l'université de Vienne, Max Wien, jugea trop philosophique pour une thèse de physique, et que Bruno Bauch, à l'inverse, estima plus physique que philosophique. Carnap dut donc renoncer à ce sujet[21] et il se décida à reprendre le problème dont il avait déjà été question dans le mémoire de 1920, et donc à travailler sur les fondements de la géométrie. Le mémoire de 1920 avait été achevé en mars, la thèse fut rédigée, à la faveur d'une période de travail intense, entre juin et décembre de la même année, acceptée en mars 1921, soutenue en décembre, et publiée sous la forme d'un volume de quatre-vingt-sept pages en 1922.

Quelles leçons Carnap a retenues de l'influence néokantienne ?

On ignore les raisons précises pour lesquelles Carnap s'adressa précisément à Bruno Bauch pour la direction de sa thèse de doctorat. Bauch avait soutenu sa propre thèse de doctorat à Fribourg-en-Brisgau en 1901, sous la direction de Rickert, et il devint professeur ordinaire à Iéna en 1911. Il codirigea les *Kant-Studien* (études kantiennes, journal de la *Kant-Gesellschaft*, société kantienne) avec Vaihinger, le fondateur de la revue, de 1905 à 1916, avant d'en être exclu en raison d'un sérieux différend avec Hermann Cohen sur la question des relations entre les peuples allemand et juif, dont Bauch estimait qu'ils ne devaient pas cohabiter sur le même territoire[22]. Bauch participa en 1917 à la fondation de la *Deutsche Philosophische Gesellschaft* (société allemande de philosophie), en opposition affirmée aux *Kant-Studien,* il devint président de l'université d'Iéna en 1922 et prêta ultérieurement allégeance au parti nazi, jusqu'à sa mort en 1942. Carnap, quant à lui, resta proche de la *Kant-Gesellschaft* et publia deux autres articles dans les *Kant-Studien* en 1923 et 1925. Comme le remarque François Schmitz, il est curieux que Carnap, « dont l'orientation politique était diamétralement opposée », ait

■ 20. *Ibid.*, p. 4.
■ 21. Il fera néanmoins paraître un article sur l'axiomatisation de la théorie physique de l'espace et du temps dans les *Kant-Studien* en 1925 et consacrera à cette question un long texte resté inédit à ce jour.
■ 22. Sur cette question, *cf.* A. W. Carus, *Carnap and Twentieth-Century Thought, op. cit.*, p. 106 et le livre que S. Schlotter a consacré à Bauch, *Die Totalität der Kultur*, Würtzburg, Köningshausen & Neumann, 2004.

pu avoir Bauch comme directeur de thèse[23], et il n'est pas impossible que l'explication doive être cherchée dans des raisons de circonstances. Alors que les principaux représentants de l'école néokantienne de Baden s'intéressaient bien davantage à la philosophie des valeurs et à la science de la culture que les représentants de l'école de Marbourg, Bauch, élève de Rickert, avait quant à lui également publié un ouvrage d'études sur la philosophie des sciences exactes[24]. Commentant le compte rendu que Bauch rédigea sur la thèse de Carnap, G. Gabriel note que ce bref rapport est rédigé en termes très généraux. Il cite aussi des témoignages qui laissent penser que Bauch n'aurait en fait pas du tout saisi le sens de la partie mathématique de la thèse, pour le jugement de laquelle il aurait eu recours à un collègue mathématicien[25], ce qui suggère que son travail de directeur de thèse a pu se réduire à peu de choses. Quoi qu'il en soit, le manuscrit du mémoire de 1920, indique que Bauch en a été le directeur ou l'évaluateur principal puisque le titre est suivi de l'indication : « Prüfungsarbeit für Prof. Bauch, Jena ».

Dans ce mémoire sur les fondements de la géométrie, Carnap distingue comme dans la thèse ultérieure sur l'espace trois « significations de l'espace », bien que les dénominations soient ici et là différentes. En 1920, il est question de l'espace « abstrait » (et non « formel »), de l'espace « pur », ou « idéal », (au lieu de l'espace « de l'intuition » en 1921) et de l'espace « physique » (dénomination commune aux deux textes), dont le mémoire de 1920 précise que ce qui est visé par-là est l'espace des *choses physiques* et non celui de la *science physique*.

Comment ces trois significations sont-elles distinguées ? Par « espace abstrait » il faut entendre une structure de relations purement logiques, entre des éléments de nature indéterminée, dont la seule caractérisation est qu'ils entretiennent lesdites relations. Ce système relationnel est construit selon une méthode logiciste inspirée de Russell mais qui emprunte aussi à Frege. Cette construction logique (qui mérite le nom « espace » uniquement en raison de sa possible application à ce qui est plus communément ainsi nommé) est définie à partir du concept de fonction, puis des suites ordonnées satisfaisant diverses propriétés (réflexivité, transitivité, etc.), finalement composées (en suites de suites, suites de suites de suites, etc.) afin d'obtenir ainsi un espace abstrait à 1, 2, 3 ou un nombre quelconque de dimensions, toute la série des définitions requises étant obtenue par des procédés purement logiques. Par *application* d'un tel espace abstrait aux éléments habituels de la géométrie donnés dans l'intuition spatiale (les éléments en relation ne sont plus alors de nature indéterminée mais sont des points, des droites, des plans, etc.), on parvient à la deuxième signification de l'espace, à savoir l'espace pur du mathématicien. Enfin, cet espace « idéal » est lui-même distingué d'un autre système de relations, cette fois entre des objets concrets donnés dans l'expérience, les corps physiques, système qui constitue l'espace physique.

---

23. F. Schmitz, *Le Cercle de Vienne, op. cit.*, p. 73.
24. B. Bauch, *Studien zur Philosophie der exactken Wissenschaften*, Heidelberg, Carl Winter, 1911.
25. G. Gabriel, « Introduction : Carnap brought home », *op. cit.*, p. 6.

À ces trois significations de l'espace correspondent trois géométries, nommées respectivement abstraite, pure et physique.

Une distinction transversale est alors établie (qui vaut donc pour chacune des trois significations de l'espace) entre un espace dont le nombre de dimensions est quelconque (espace de dimension indéterminée, c'est-à-dire : dont on ne précise pas le nombre de dimensions) et des espaces dans lesquels le nombre de dimensions est fixé, que ce nombre soit 1, 2, 3 ou supérieur à 3. Pour chacun de ces cas, l'espace peut ensuite acquérir la qualité d'espace *métrique* (ce qui signifie qu'un système métrique est introduit qui permet de définir des mesures[26]), au moyen d'une série de déterminations supplémentaires. L'espace métrique appelle de nouvelles distinctions, selon que la métrique introduite définit une courbure constante ou variable selon les points de l'espace et, dans le cas d'une courbure constante, selon que cette courbure est négative (espace hyperbolique), positive (espace elliptique) ou nulle (cas de l'espace euclidien). Chacune des trois *significations* de l'espace est ainsi subdivisée en différentes *sortes* d'espaces, ordonnées selon une série croissante de déterminations successives. Le manuscrit du mémoire de 1920 est accompagné d'un grand diagramme arborescent qui offre au lecteur une représentation figurée de cette hiérarchie des sortes d'espace, pour chacune des trois significations[27].

Ces différentes sortes d'espace reçoivent également une autre caractérisation, cette fois de nature axiomatique, qui suit le principe général selon lequel l'ajout de nouveaux axiomes permet d'introduire des déterminations supplémentaires. Tout se passe dans cette double exposition comme si Carnap n'accordait guère d'importance à la distinction, à d'autres égards essentielle, entre deux approches de la construction de l'espace, l'une d'inspiration logiciste (celle de Russell) qui procède, pour l'espace abstrait, par une série de définitions qui empruntent à la logique, l'autre de nature axiomatique (celle de Hilbert), qui procède par la formulation d'une série d'axiomes, sur la base d'un vocabulaire primitif non défini par ailleurs (« point », « droite », « passer par », etc.). Bien que ces deux approches soient philosophiquement différentes (elles sont adoptées par des philosophes des mathématiques qui défendent des positions divergentes, comme le logicisme et le formalisme), ce qui intéresse véritablement Carnap (qui ne cherche pas à prendre position dans ce débat philosophique) n'est pas de savoir lequel des deux procédés – logiciste ou axiomatique – est préférable ; sa réflexion porte sur une autre question, d'inspiration manifestement kantienne, à savoir celle de l'origine et du fondement de notre connaissance géométrique. La thèse fondamentale de Carnap est qu'on ne saurait apporter de réponse satisfaisante à cette question si l'on ignore les distinctions précédemment établies entre géométries abstraite, pure ou physique et entre les déterminations successives qui définissent une variété de sortes d'espace pour chacune de ces significations.

▩ 26. Dans un espace qui n'est pas métrique, on ne dispose d'aucune méthode de mesure. Dans un tel espace, on peut dire par exemple que le point *B* est entre les points *A* et *C*, ou que la droite *d* passe par le cercle *c*, sans pouvoir exprimer que le segment *AC* a une longueur double du segment *AB*, ou que la mesure de tel angle est de 45 degrés.

▩ 27. Dans *L'Espace*, cette figure est remplacée par un tableau que l'on trouve à la p. 81 de la traduction française.

Eu égard aux questions de l'origine et du fondement de notre connaissance de l'espace, le cas de la géométrie abstraite est assez clair et peu problématique. Carnap interprète les théorèmes de la géométrie abstraite comme des énoncés hypothétiques : si l'on admet tels axiomes, tels théorèmes s'en déduisent ; et si tels autres axiomes sont posés, d'autres théorèmes s'ensuivent. Des énoncés de ce genre ne dépendent en aucune manière de l'expérience et sont assurément *a priori*. Dans *Der Raum*, en 1921, au moment de s'interroger sur la possibilité de formuler sa thèse dans la terminologie kantienne, Carnap ajoutera que ces énoncés sont également *analytiques* (bien que ce terme, comme nous le verrons, doive alors s'entendre en un sens non kantien).

Le cas de la géométrie pure est plus délicat et son traitement requiert un rappel de la distinction kantienne entre une connaissance qui *commence avec* l'expérience et une connaissance qui *dérive de* l'expérience[28]. Pour Carnap, il importe en effet de distinguer d'une part une approche génétique, causale ou psychologique et d'autre part une approche « critico-transcendantale » des questions soulevées par l'espace et le fondement de la géométrie. Si l'on reconnaît sans peine que d'un point de vue génétique la géométrie pure commence avec l'expérience, il n'en résulte nullement que d'un point de vue fondationnel et critico-transcendantal elle dérive de l'expérience, ce qui rendrait incompréhensible la certitude apodictique de ses théorèmes. Dans la suite du texte, la distinction est appliquée par exemple à la question du nombre de dimensions : si l'espace des données empiriques, que nous appréhendons dans l'expérience, a bien trois dimensions, il n'en résulte pas qu'il doive en être de même pour la sorte d'espace qui vaut comme condition *a priori* de l'expérience en général, celle-ci pouvant très bien ne pas avoir un nombre de dimensions déterminé[29]. La difficulté majeure que doit affronter la pensée kantienne de l'espace est de savoir comment l'idée même d'un espace pur *a priori*, qui seule semble pouvoir justifier le caractère apodictique de la géométrie pure, est compatible avec la pluralité des espaces purs mutuellement incompatibles dont la géométrie du XIXᵉ siècle a établi la possibilité, espaces dont les théories respectives ne sont pas moins logiquement acceptables les unes que les autres, ni que celles de la géométrie euclidienne, et qui sont par ailleurs équivalentes à la géométrie euclidienne tant d'un point de vue empirique que d'un point de vue épistémologique (les géométries non euclidiennes ne sont réfutables ni empiriquement ni par un raisonnement *a priori*).

Dans le mémoire de 1920, c'est donc un problème typiquement kantien que Carnap considère, dont il traite en ayant soin de prendre en considération les développements de la géométrie du XIXᵉ siècle. Ce faisant, il soulève trois questions qui sont successivement discutées dans la suite du texte : 1) savoir s'il est justifié d'accorder un quelconque privilège à l'espace euclidien à trois dimensions ; 2) savoir si l'expérience suffit à déterminer *une* des différentes

---

■ 28. Kant, *Critique de la raison pure*, Introduction, § 1.

■ 29. Le nombre de dimensions de l'espace qui est condition de possibilité de l'expérience peut ne pas être déterminé, ce qui le rend suffisamment général pour autoriser à la fois un travail théorique sur des espaces de dimension 3, 4, 5 ou même infini et un espace empirique à trois dimensions. Cela permet aussi de ne pas exclure la découverte que l'espace physique n'a pas trois dimensions comme on le suppose habituellement lorsqu'on se réfère à l'expérience commune.

sortes d'espace comme *la seule* applicable aux données de l'expérience ; 3) savoir s'il est justifié de poser l'une des différentes sortes d'espace précédemment distinguées, à l'exclusion des autres, comme condition de possibilité de l'expérience, au sens kantien de cette expression.

À la première question, Carnap apporte une réponse brève, en notant qu'il y a effectivement des raisons objectives de juger l'espace euclidien plus *simple* que les autres. La réponse qu'il donne à la seconde question l'engage dans une discussion plus longue et un examen critique de certaines des thèses de Natorp. Carnap entend réfuter l'idée qu'il serait possible de déterminer *la* sorte d'espace qui est applicable à l'expérience par des mesures ou une observation purement empiriques aussi bien que l'idée qu'il serait possible de parvenir à cette détermination par une méthode purement *a priori*. Dans une prise de position explicitement inspirée de Poincaré, il défend en effet l'idée que seule l'adoption implicite de certains présupposés de nature physique a pu, dans le passé, conduire à l'idée erronée que l'espace euclidien avait, au regard de l'expérience, un caractère de nécessité *a priori*. Pour Carnap, l'adoption d'autres

C'est un problème typiquement kantien que Carnap considère

principes physiques permet d'accorder les données de l'expérience avec d'autres structures spatiales que celle de l'espace euclidien, en sorte qu'une décision initiale, d'ordre méthodologique, doit être prise, soit en faveur d'une certaine structure spatiale que l'on estime avoir de bonnes raisons de préférer, soit en faveur de certains principes physiques généraux. Dans le premier cas, les données de l'expérience permettent de connaître les principes et lois physiques qui sont déterminés par le choix préalable d'une structure spatiale particulière ; dans le second cas, elles permettent de déterminer quelle structure spatiale est présupposée par l'adoption de tels ou tels principes physiques que l'on souhaite préserver (Carnap pense évidemment ici à la théorie de la relativité, dont les principes généraux requièrent une structure spatiale non euclidienne). Si l'expérience ne suffit pas à déterminer quelle sorte d'espace est applicable aux données de l'expérience, c'est donc que cette question dépend aussi d'une décision, qui prend la forme d'une stipulation librement choisie.

Cette prise de position laisse néanmoins encore intacte la troisième question. Si la réponse à la seconde question laisse en effet ouverte plusieurs possibilités pour le choix d'une structure spatiale particulière, il est clair qu'il n'y aurait aucun sens à vouloir penser une multiplicité de structures spatiales mutuellement incompatibles comme ayant les unes et les autres valeur de forme *a priori* de l'intuition. Nous serions par ailleurs victimes d'une illusion, à savoir celle de l'habitude, si nous voulions poser les principes de l'espace euclidien comme ayant valeur de nécessité apodictique.

La réponse à la troisième question repose sur ce qui a été précédemment exposé relativement à la détermination hiérarchique et progressive des différentes *sortes* de l'espace pur, depuis l'espace pur à un nombre indéterminé de dimensions et sans détermination métrique jusqu'à un espace métrique particulier ayant un nombre spécifié de dimensions. Il y a bien, pour Carnap, une forme *a priori* de l'intuition qui est condition de possibilité des objets de l'expérience en général, et sur ce point, la philosophie kantienne n'est pas remise en question. L'idée de Carnap est que cette forme *a priori* n'est cependant déterminée ni par une métrique particulière ni par un nombre de dimensions. Il s'agit donc pour lui de l'espace pur non métrique dont la dimension est indéterminée, ce qui correspond, dans la variété des espaces étudiés par les mathématiques du XIXe siècle, à l'espace de la géométrie projective à un nombre indéterminé de dimensions. Et telle est précisément la solution avancée par le mémoire de 1920, qui reste kantien dans la mesure où il retient l'idée d'un espace pur *a priori* qui soit condition de possibilité des objets de l'expérience en général, mais qui se démarque de Kant lorsqu'il s'agit de préciser quelle est la nature exacte de cet espace (ou plutôt de cette *sorte* d'espace), l'espace de la géométrie projective à un nombre indéterminé de dimensions étant le seul, selon Carnap, qui permette de donner une réponse univoque à la troisième question tout en demeurant en accord avec les connaissances mathématiques de l'époque à laquelle il écrit.

L'inspiration du mémoire de 1920 est donc assez clairement néokantienne si l'on s'accorde à qualifier de néokantiens les philosophes qui jugent opportun de reprendre les termes de la philosophie transcendantale de la connaissance et en particulier la question des conditions *a priori* de possibilité de l'expérience en général. Pour autant, Carnap ne prête allégeance à aucune des grandes figures du néokantisme historique, qu'elles appartiennent à l'école de Marbourg, à l'école de Baden ou qu'elles suivent la voie de Helmholtz ou de Vaihinger. Ce qui frappe à la lecture du mémoire de 1920 est l'opportunisme philosophique de Carnap – qui ne se démentira pas dans ses écrits ultérieurs – capable d'emprunter à Natorp, Cassirer, Helmholtz, Poincaré, Bauch, Windelband aussi bien qu'à Dingler, Frege, Russell ou Couturat, sans se soucier en aucune façon de la fidélité à la pensée des auteurs auxquels il fait référence.

La thèse sur l'espace reprend au mémoire de 1920 l'idée d'une distinction entre trois significations de l'espace et la subdivision transversale de chacune de ces trois significations en une multiplicité de sortes d'espaces, caractérisées comme en 1920 par le nombre de leurs dimensions et par des différences de métrique. Le texte est cependant plus long, beaucoup plus approfondi, divisé en cinq parties, et il traite de questions qui n'avaient pas été abordées dans le mémoire. La dénomination « espace formel » (au lieu d'espace « abstrait ») permet de préciser le caractère purement logique de ces « structures d'ordre » (*Ordnungsgefüge*) ; quant à la substitution de l'expression « espace de l'intuition » à celle d'« espace pur », elle est le signe d'une interrogation nouvelle sur la question des *sources* de la connaissance de l'espace. Alors que le mot « intuition » (*Anschauung*) n'avait que quelques occurrences dans le mémoire de 1920 – typiquement dans l'expression kantienne « forme *a priori* de l'intuition » –, l'intuition comme source de connaissance géométrique fait l'objet d'un traitement détaillé dans *Der Raum*. Il est cependant tout à fait remarquable que ce n'est pas Kant et son intuition pure qui sont alors convoqués mais Husserl et sa « vision d'essence » (*Wesenserschauung*). Dans la philosophie kantienne de la connaissance, l'intuition n'est pas source de connaissance en elle-même et par elle-même, indépendamment de l'entendement et, de ce fait, elle ne saurait à elle seule produire la connaissance des axiomes de la géométrie, contrairement à la « vision d'essence » telle que Husserl la conçoit[30]. Le texte de 1921 offre par ailleurs un traitement beaucoup plus approfondi de l'espace physique, de la méthodologie scientifique, des implications de la théorie de la relativité, et de la question de l'expérience comme source de notre connaissance de l'espace. Il introduit une notion d'« état de fait de l'expérience » (*Tatbestand der Erfahrung*), qui permet à Carnap de distinguer précisément ce qui, dans la connaissance géométrique, relève de l'expérience elle-même, ce qui appartient à ses conditions de possibilité, et ce qui dépend d'une pure stipulation[31]. Enfin, la géométrie projective n'apparaît plus comme la variété la plus générale des différentes « sortes » d'espace de l'intuition, cette place de choix étant maintenant occupée par l'« espace topologique », dont il n'était pas question dans le mémoire de 1920[32].

Qu'en est-il alors, dans cette perspective, de la position de Carnap à l'égard de Kant et de la philosophie critique de la connaissance ? Sur ce point, les deux textes présentent une différence notable : alors que la question kantienne de l'espace comme condition de possibilité de l'objet de l'expérience en général oriente une grande partie du mémoire de 1920, le problème du rapport à Kant (que retenir de la révolution copernicienne en philosophie pour la théorie de l'espace et à quoi faut-il renoncer ?) n'est posé que dans la cinquième et dernière partie de *L'Espace*, dans les termes suivants :

> Nous avons à dessein évité, jusqu'à présent, les expressions kantiennes de connaissances *a priori* et de connaissances empiriques ainsi que celles de jugements analytiques et de jugements synthétiques, en partie parce qu'on ne les interprète ni ne les applique toujours, ici et là, de la même manière, en partie également parce que les autres définitions qu'on a données semblent pouvoir offrir une expression plus nette et précise de la situation pour la question qui nous occupe. Afin de clarifier notre position à l'égard des opinions qui ont recours à ces concepts, en particulier sur la question des jugements synthétiques *a priori*, nous allons cependant indiquer brièvement comment les résultats des recherches précédentes s'y rapportent[33].

où il appert que Carnap est beaucoup moins enclin dans la thèse de 1921 que dans le mémoire de 1920 à poser les problèmes philosophiques soulevés par l'espace dans les termes qui sont ceux de Kant, sans qu'il estime pour autant possible ou au moins souhaitable de passer entièrement sous silence la

---

■ 30. E. Husserl, *Idées directrices pour une phénoménologie et une philosophie phénoménologique pure* (1913), chap. 1, § 3.

■ 31. Pour expliquer ce qu'il entend par « état de fait de l'expérience », Carnap a recours à l'image d'une distinction entre matière et forme, qui ne sont jamais données séparément mais peuvent être distinguées conceptuellement. L'état de fait de l'expérience correspond à la matière du donné.

■ 32. La place occupée par l'espace topologique dans la hiérarchie des sortes d'espace est du reste source de plusieurs erreurs que commet Carnap sur leurs relations mutuelles, notamment lorsqu'il est question des rapports entre espaces métriques et espace topologique. Sur ce point, *cf.* l'introduction de la traduction française, *L'Espace*, Paris, Gallimard, 2017, p. 47-48, l'article de Th. Mormann, « Carnap's metrical conventionalism versus differential topology », *Philosophy of Science* 72, 2005, p. 814-825, les notes éditoriales de M. Friedman dans la traduction anglaise de *Der Raum*, in A. W. Carus *et al.*, *The Collected Works of Rudolf Carnap, op. cit.*, p. 183-184, ou encore A. W. Carus, *Carnap and Twentieth-Century Thought, op. cit.*, p. 132-133.

■ 33. R. Carnap, *L'Espace, op. cit.*, p. 143-144.

question du rapport à la philosophie kantienne, récurrente chez les auteurs de l'époque qui écrivent sur l'espace. Les conclusions de Carnap sur ce point (qui n'ont pas valeur d'un résumé de l'ouvrage, car celui-ci traite de bien d'autres questions) sont fondées sur les distinctions précédemment et soigneusement établies entre trois significations de l'espace et de multiples sortes d'espaces.

L'espace *formel*, pour commencer, est un prolongement de la théorie générale des relations, elle-même considérée comme une partie de la logique déductive. En conséquence, dans les termes de Kant, cet espace est *a priori* (il ne dépend nullement de l'expérience) et *analytique*, au sens où il dérive de définitions et axiomes logiques précédemment posés (où l'on voit que le terme « analytique » n'a donc pas ici le sens que lui donne Kant dans la *Critique de la raison pure* mais celui que Frege lui confère au paragraphe 3 des *Fondements de l'arithmétique*).

Les conclusions relatives à l'espace de l'intuition sont moins aisées à formuler parce qu'elles dépendent d'analyses préalables qui concernent 1) une distinction entre deux sources de l'espace de l'intuition, à savoir d'une part l'intuition husserlienne des essences et d'autre part certaines stipulations qui relèvent de décisions d'ordre méthodologique ; 2) une définition de la notion d'« état de fait de l'expérience » qui permet d'établir la frontière entre ce qui dépend uniquement de l'expérience (espace topologique) et ce qui dépend non seulement de l'expérience mais aussi de certaines stipulations (espace métrique) ; 3) l'idée selon laquelle certaines lois de l'espace peuvent valoir *localement* (pour une région limitée de l'espace) sans valoir *globalement* (pour la structure spatiale tout entière). Sur la base de ces analyses préalables, Carnap en arrive à soutenir que les axiomes de l'espace de l'intuition sont *a priori* (en tant que donnés par une « intuition des essences » au sens husserlien) bien qu'ils ne soient assurément pas de nature *logique*, en sorte qu'il est tout à fait légitime de les considérer comme des propositions synthétiques *a priori* si l'on souhaite faire usage du vocabulaire kantien. La validité de ces axiomes est cependant limitée à une portion locale de l'espace car l'intuition ne saurait nous donner aucune assurance sur la structure spatiale dans sa globalité (sur ce point, Carnap se démarque de Kant). La structure globale de l'espace requiert, outre les axiomes de l'intuition (qui ne valent que localement), la stipulation de certains postulats (qui déterminent la structure spatiale globale que l'on souhaite placer à la base de notre théorie physique, ces postulats déterminent par exemple si la structure spatiale globale sera euclidienne ou non euclidienne). En conséquence, selon Carnap, Kant a raison d'affirmer que les axiomes de la géométrie ont la valeur de propositions synthétiques *a priori*, mais tort d'en conclure que cela vaut pour tous les théorèmes de la géométrie puisque certains de ces théorèmes (ceux qui ont une valeur globale et non locale) dépendent aussi de propositions qui ont valeur de stipulations librement choisies et qui ne sont donc pas synthétiques *a priori*.

Quant aux propositions relatives à l'espace physique, il est clair qu'elles dépendent de l'expérience et peuvent donc être nommées synthétiques *a posteriori* si l'on souhaite avoir ici aussi recours à la terminologie kantienne.

Reste alors la question cruciale que ne peut manquer de soulever tout philosophe qui cherche à composer entre la philosophie kantienne et les théories de l'espace élaborées après Kant par les mathématiciens, les physiciens et les philosophes : en quel sens faut-il entendre le mot « espace » si celui-ci (l'espace lui-même, non le mot « espace ») doit être pensé comme condition de possibilité de l'expérience en général ? La solution que donne Carnap de cette difficulté repose sur la notion cruciale d'« état de fait de l'expérience », qui fixe précisément la limite entre ce qui relève d'une forme « univoque et nécessaire » de l'espace et ce qui dépend d'une stipulation librement choisie. Seul l'espace topologique, non l'espace métrique, a cette valeur, sans qu'il soit possible d'assigner aucune limite *a priori* au nombre de dimensions de cet espace. D'où la conclusion de Carnap sur la question du rapport à Kant :

> Du côté des mathématiciens comme du côté des philosophes, il a déjà été dit et redit que la thèse de Kant sur la signification de l'espace pour l'expérience n'était pas ébranlée par la théorie des espaces non euclidiens, mais qu'elle devait être transposée de la structure euclidienne à trois dimensions, la seule que Kant connaissait, à une structure plus générale[34].

La suite du texte précise :

> D'après les réflexions qui précèdent, il faut se rallier à la conception kantienne, mais il faut indiquer précisément que la structure spatiale qui, à la place de celle à laquelle pensait Kant, a une signification fondatrice pour l'expérience est l'espace topologique de l'intuition à un nombre illimité de dimensions[35].

où l'on note que ce que Carnap nomme « espace topologique » a pris en 1921 la place qu'occupait l'espace projectif dans le mémoire de 1920.

Au vu de cette conclusion et des considérations qui précèdent, sommes-nous justifiés à considérer le Carnap de *L'Espace* comme un philosophe néokantien ? La comparaison avec le Carnap de l'*Aufbau* et, plus encore, avec celui des années trente, met en lumière des différences saisissantes : loin de rejeter l'apriorisme kantien, la thèse sur l'espace admet l'existence de propositions synthétiques *a priori*, préserve certaines questions caractéristiques de la philosophie transcendantale de la connaissance et se situe, à cet égard, assez clairement dans la mouvance néokantienne. Un examen précis de la position de Carnap à l'égard de la théorie de la relativité serait du reste de nature à confirmer ce point[36]. Pour autant, il serait vain de chercher à classer *Der Raum* dans l'une des écoles du néokantisme que les historiens de la philosophie se plaisent à distinguer. Tout au plus pourrait-on chercher à reconnaître les multiples sources auxquelles Carnap puise, en débusquant telle idée comme étant typiquement marbourgienne, telle autre comme trouvant son origine chez Rickert ou Windelband, exercice auquel nous ne nous sommes pas livré dans le présent article. Carnap emprunte librement aux auteurs qu'il fréquente sans prêter allégeance ni se soucier d'aucun

■ 34. R. Carnap, *L'Espace, op. cit.,* p. 149.
■ 35. *Ibid.*
■ 36. Sur cette question, *cf.* les importantes notes éditoriales de la traduction anglaise de *Der Raum*, rédigées par M. Friedman, qui montrent comment Carnap cherche assez clairement à donner une théorie de l'espace d'inspiration kantienne qui soit en accord avec la théorie de la relativité d'Einstein.

devoir de fidélité. La comparaison du mémoire de 1920 et de la thèse sur l'espace met cependant en évidence une différence qu'il est difficile de ne pas interpréter comme une évolution : alors que le premier texte est empreint de terminologie kantienne, le second manifeste une plus grande liberté et ne soulève explicitement la question du rapport à Kant que dans les dernières pages, en proposant simplement une traduction, dans la langue de la *Critique de la raison pure*, de la position longuement exposée dans l'ouvrage, dont on ne peut assurément pas dire que ses formulations soient pétries du vocabulaire en usage dans la philosophie critique.

Pierre Wagner
Université Paris 1 Panthéon-Sorbonne, IHPST (Paris)

R. Carnap

CARNAP ET LES CATÉGORIES

Ansten Klev

Cet article donne un aperçu des diverses traces de la doctrine des catégories dans les écrits de Carnap. Les notions de catégories jouent un rôle particulièrement important dans le livre *Der logische Aufbau der Welt*, mais on les retrouve également dans de nombreuses autres œuvres de Carnap. Sa thèse fait allusion à des catégories en plusieurs endroits. Son approche de la logique a été, pendant longtemps, fondée sur la théorie des types, incarnation de la doctrine des catégories dans la logique moderne. Et son point de vue sur la science unifiée est mieux compris à l'aide de la notion de catégorie.

L e terme « catégorie » a été introduit dans le vocabulaire philosophique par Aristote. Le verbe grec *kategorein*, d'où dérive le nom *kategoria*, est composé de la préposition *kata*, dont l'un des sens est « contre », et du verbe *agoreuein*, « parler » (sc. dans une assemblée, *agora*), et signifiait initialement « parler contre » ou « accuser ». Chez Aristote, le verbe est utilisé principalement dans le sens « prédiquer » ; le nom est utilisé à la fois dans le sens de « prédicat » et « prédication », mais plus fréquemment dans le sens de « catégorie ». Comment comprendre précisément la notion de catégorie d'Aristote est bien sûr une affaire d'interprétation. Selon l'interprétation traditionnelle, établie par les anciens commentateurs d'Aristote, en particulier Porphyre, les catégories sont les termes les plus généraux, ceux qui sont atteints en montant dans l'arbre de Porphyre à partir d'une espèce inférieure jusqu'à un terme qui ne peut plus être généralisé sans perdre tout contenu matériel. Une autre interprétation, ici préférée, considère une catégorie au sens d'Aristote comme une classe de termes, qui n'a pas besoin d'être elle-même un genre suprême. En tout état de cause, les catégories doivent être entendues comme des compartiments ou des divisions au sein d'un système de classification global ou universel, destiné à englober tous les termes, les concepts ou les êtres.

Aujourd'hui, le terme « catégorie » est utilisé dans de nombreuses langues pour parler des divisions dans les systèmes de classification de manière assez générale, et pas seulement dans les systèmes universels. Par exemple, les cols du Tour de France sont classés en cinq catégories (en fonction de leur difficulté), et les morceaux de viande sont parfois classés en trois catégories (en fonction de leur qualité). Le terme est également utilisé de la même manière dans diverses sciences. En mathématiques, en particulier, une catégorie est une classe de structures mathématiques déterminée par leurs morphismes. Ainsi, il y a, par exemple, une catégorie des groupes, une catégorie des anneaux, une catégorie des espaces topologiques, une catégorie des ensembles, et même une catégorie des catégories. La philosophie contemporaine a conservé le sens originel, et elle entend encore une catégorie comme une division dans un système de classification universel[1].

La doctrine des catégories se situe, depuis le début de son histoire, à l'intersection de la logique et de l'ontologie. Une longue tradition considère le traité des *Catégories* d'Aristote comme une œuvre de logique, ainsi qu'en témoigne le fait qu'Andronicus de Rhodes l'a placé en premier dans l'*Organon*, la collection des traités logiques d'Aristote. Les anciens commentateurs d'Aristote ont en effet considéré le livre comme étant concerné par les termes, qu'ils (Simplicius, en particulier) considéraient comme les éléments ultimes dans la construction des syllogismes. D'autre part, dans la *Métaphysique* d'Aristote, il est souvent question des catégories, par exemple dans la célèbre discussion de l'équivocité de l'être au livre Δ 7. La doctrine des catégories de Kant prend son point de départ dans les formes de jugement telles qu'elles étaient plus ou moins présentées dans les manuels de logique de l'époque. De ces formes de jugement, la déduction métaphysique de la *Critique de la raison pure* dégage les formes de la synthèse pure d'un objet en général, autrement dit les concepts purs les plus généraux que nous pouvons avoir d'un objet[2].

Cette dualité de la doctrine des catégories est particulièrement claire dans l'incarnation moderne de la doctrine, à savoir la théorie des types qui trouve son origine dans les travaux logiques de Gottlob Frege et Bertrand Russell. Cette théorie sera discutée plus en détail ci-dessous. Il suffit de remarquer ici que ce qui est considéré comme relevant d'un type – en d'autres termes d'une catégorie –, ce sont tantôt des expressions et tantôt des entités non linguistiques, par exemple des nombres ou des fonctions. Les interprètes de Frege parlent en effet parfois d'un « principe de miroir », selon lequel il existe une correspondance un à un entre les types d'expressions et les espèces d'objets non linguistiques[3].

On pourrait penser que l'attitude de Rudolf Carnap à l'égard de la doctrine des catégories serait tout sauf positive. La doctrine telle qu'elle nous est parvenue appartient à la métaphysique, qu'elle soit scolastique ou transcendantale, et n'a donc pas sa place dans la philosophie comprise comme logique de la science. Dans la conception scientifique du monde promue

---

1. Ainsi, par exemple, dans E. J. Lowe, *The Four-Category Ontology*, Oxford, Oxford University Press, 2006.
2. Parmi les études récentes sur la notion de catégorie qui mettent l'accent sur la relation à la logique, citons M. Bourdeau, *Locus logicus*, Paris, L'Harmattan, 2000, et A. Klev, *Categories and Logical Syntax*, thèse de doctorat, Université de Leyde, 2014.
3. M. Textor, « Frege's concept paradox and the mirroring principle », *The Philosophical Quarterly*, vol. 60, 2010, p. 126-148.

par le Cercle de Vienne, il ne semble pas y avoir de place pour la notion de catégorie. Contrairement à ces premières impressions, je soutiendrai que la notion de catégorie a joué un rôle important dans la pensée de Carnap, en particulier dans ses écrits, jusques et y compris la *Syntaxe logique du langage*[4]. À l'exception d'une brève section (§ 83) de *Der logische Aufbau der Welt*[5], dont Carnap dit qu'on peut l'omettre, le mot « catégorie » dans le sens qui nous intéresse n'apparaît, bien entendu, pas dans les œuvres de Carnap. Mais Carnap a fait usage d'au moins trois notions que l'on pourrait bien appeler des catégories : les types, les sphères d'objets et les espèces d'objet (*Gegenstandsarten*). Comme nous le verrons dans ce qui suit, ce ne sont pas dans sa philosophie de simples accessoires ; ce sont des composantes essentielles de thèmes centraux tels que la théorie constitutionnelle, la syntaxe logique, la science unifiée et les cadres linguistiques.

Appelons une notion apte à servir de notion de catégorie une notion catégorielle. Des exemples de notions catégorielles sont donc les genres suprêmes de la philosophie scolastique, les types de la logique moderne, et les parties du discours de la grammaire traditionnelle. Le but de ce qui suit est d'attirer l'attention sur la présence de notions catégorielles dans la philosophie de Carnap.

Lorsqu'on considère sa formation intellectuelle, il est, en effet, tout à fait naturel de s'attendre à ce que Carnap ait eu de la sympathie pour les notions catégorielles : il s'est formé dans un milieu néo-kantien, et il était à l'aise avec la nouvelle logique. Plus précisément, d'un côté il a étudié la *Critique de la raison pure* pendant toute une année avec Bruno Bauch, le philosophe néo-kantien qui deviendra plus tard son directeur de thèse ; de l'autre, il a étudié la logique de Frege sous la conduite de Frege et la logique de Russell sous la conduite de Russell[6].

Der Raum (L'espace)

Des notions catégorielles se retrouvent déjà dans la première publication de Carnap, sa thèse *Der Raum*[7]. En effet, le thème principal de l'ouvrage, la notion d'espace, est lui-même naturellement considéré comme une catégorie. Certes, pour Kant, l'espace est une forme de l'intuition et est donc en contraste avec les catégories proprement dites, qui sont des concepts. L'espace et le temps, étant des intuitions, ou des formes de l'intuition, appartiennent au domaine de la sensibilité, alors que les catégories, étant des concepts, appartiennent au domaine de l'entendement. Bien que Kant ne compte donc pas l'espace parmi les catégories, le rôle de la notion d'espace dans la philosophie de Kant est similaire à celui des catégories, les deux étant des conditions de possibilité de l'expérience. C'est pour cette raison qu'on peut l'appeler une

■ 4. R. Carnap, *Logische Syntax der Sprache*, Wien, Julius Springer, 1934.
■ 5. R. Carnap, *Der logische Aufbau der Welt*, Berlin, Weltkreis Verlag, 1928 ; trad. fr. Th. Rivain, *La construction logique du monde*, Paris, Vrin, 2002.
■ 6. Voir R. Carnap, « Intellectual autobiography », *in* P. A. Schilpp (ed.), *The Philosophy of Rudolf Carnap*, Chicago, Open Court, 1963, p. 3-84.
■ 7. R. Carnap, *Der Raum*, Berlin, Reuther & Reichard, 1922 ; trad. fr. P. Wagner, *L'espace*, Paris, Gallimard, 2017.

notion catégorielle. Pour Aristote, d'ailleurs, l'espace est l'une des catégories, appelée par lui la catégorie du « où » (*pou* en grec).

Autant que le choix du sujet de sa thèse, son approche du sujet témoigne de l'intérêt de Carnap pour les notions catégorielles. Il considère l'espace tel qu'il nous est donné dans l'expérience comme ayant une certaine structure formelle sous-jacente. Une telle structure formelle sous-jacente de l'expérience est précisément ce que les catégories au sens kantien du terme sont censées saisir. Cette structure formelle particulière, Carnap l'appelle « espace formel ». L'espace formel dans sa manifestation la plus générique est une structure relativement indéterminée qui peut être spécifiée de diverses manières pour donner naissance aux structures formelles qui sous-tendent les espaces de différentes dimensions et courbures. (Le message conciliateur de la thèse de Carnap est que lorsque philosophes et scientifiques ne s'entendent pas sur l'espace, leur désaccord est d'ordinaire verbal, chacun ayant en tête une notion différente de l'espace). L'espace formel générique est lui-même une espèce d'une structure formelle encore plus générique, à savoir une structure relationnelle (*Ordnungsgefüge*, structure d'ordre, dans l'allemand de Carnap) déterminée simplement par le fait que certaines relations existent entre certains points indéterminés.

En comparant différentes structures formelles, Carnap utilise donc l'idée traditionnelle d'un rapport de subordination espèce/genre. En fait, il le fait non seulement lorsqu'il parle d'espace formel, mais aussi lorsqu'il parle de ce qu'il appelle l'espace intuitif et physique. L'idée d'un rapport de subordination espèce/genre, en d'autres termes, d'un arbre de Porphyre, est, comme nous l'avons déjà noté, traditionnellement liée de façon étroite à la doctrine des catégories. L'emploi qu'en a fait Carnap pourrait avoir été inspiré par l'emploi qu'en a fait Husserl dans sa doctrine des catégories, telle qu'elle a été développée dans les *Ideen*[8]. Carnap avait étudié ce livre de près et était au courant de sa doctrine des ontologies formelle et régionale, qui est l'une des deux parties du travail de Husserl où la notion de catégorie joue un rôle important (l'autre étant sa grammaire logique)[9].

Théorie des types

Selon les propres mots de Carnap, son *Abriss der Logistik*[10] a été conçu comme un manuel présentant la nouvelle logique, ou la « logistique moderne », développée dans les *Principia Mathematica* de Russell et Whitehead[11]. L'ouvrage était difficile à se procurer (Carnap a pris de connaissance de son contenu par une lettre de Russell de 35 pages), et ses enseignements restaient inconnus de la plupart des philosophes. Carnap ayant vu la grande valeur de la nouvelle logique pour l'analyse philosophique, il a donc été amené à

■ 8. E. Husserl, *Ideen zu einer reinen Phänomenologie und phänomenologischen Philosophie*, Halle, Max Niemeyer, 1913 ; trad. fr. *Idées directrices pour une phénoménologie pure et une philosophie phénoménologique*, Paris, Gallimard, 2018.
■ 9. Une étude de la doctrine des catégories de Husserl et sa comparaison avec l'*Aufbau* de Carnap se trouvent dans A. Klev, « Husserl and Carnap on regions and formal categories », *in* S. Centrone (ed.), *Essays on Husserl's Logic and Philosophy of Mathematics*, Dordrecht, Springer, 2017, p. 409-429.
■ 10. R. Carnap, *Abriss der Logistik*, Wien, Julius Springer, 1929.
■ 11. B. Russell et A. N. Whitehead, *Principia Mathematica*, vol. 1, Cambridge, Cambridge University Press, 1910.

écrire un manuel mettant l'accent sur diverses applications d'une nature plus ou moins philosophique. L'une de ces applications a été élaborée en détail dans *Der logische Aufbau der Welt*, un livre dont l'*Abriss* peut être considéré comme un volume d'accompagnement. Nous aurons plus à dire sur l'*Aufbau* ci-dessous.

La notion centrale dans la logique des *Principia* est la notion de type. Comme il a déjà été indiqué, la notion peut être considérée comme ce que devient la notion de catégorie dans le contexte de la syntaxe logique inventée par Frege et matérialisée dans son idéographie. La doctrine des catégories d'Aristote et de Kant est liée à la syntaxe logique traditionnelle de la syllogistique aristotélicienne qui remonte aux *Premiers analytiques*. Pour Aristote, un jugement est construit sur le schéma *S est P*. Dans tout jugement concret, ce schéma est d'abord rempli par des termes concrets, tels que « hommes » et « mortels », qui remplacent les lettres schématiques *S* et *P*. En outre, le jugement est déterminé par certains traits formels traditionnellement appelés ses quantité, qualité et modalité. Ainsi, le jugement « tous les hommes sont mortels » a une quantité universelle, une qualité positive et un mode indicatif, tandis que « certains mortels peuvent ne pas être des hommes » a une quantité particulière, une qualité négative et un mode problématique. Pour le fonctionnement de la syllogistique d'Aristote, il est essentiel que les termes d'un jugement soient syntaxiquement égaux, afin qu'ils puissent être transposés. Par exemple, il doit être grammaticalement possible de passer de « tous les *S* sont *P* » à « certains *P* sont *S* », comme dans « tous les hommes sont mortels » et « certains mortels sont hommes ». Il n'est bien sûr pas nécessaire qu'une telle transposition des termes dans un jugement préserve la vérité, mais les règles de conversion dans la syllogistique d'Aristote supposent qu'elle préserve la bonne formation grammaticale.

Si, à la suite d'Alexandre d'Aphrodise, on applique l'hylémorphisme à la syntaxe logique, on peut prendre les deux termes d'un jugement comme constituant sa matière et les déterminations formelles comme constituant sa forme. On peut alors dire que si la doctrine aristotélicienne des catégories est liée à la matière des jugements syllogistiques, celle de Kant est liée à leur forme. Plus précisément, on peut dire que les éléments relevant des catégories aristotéliciennes sont les termes possibles des jugements syllogistiques, alors que les catégories kantiennes sont issues des déterminations formelles des jugements syllogistiques.

Frege dans sa *Begriffsschrift*[12] a remplacé le schéma *S est P* par le schéma *F(a)*, l'application d'une fonction à son argument, utilisant ainsi la notion mathématique de fonction comme un outil d'analyse logique. Plus précisément, pour Frege, un jugement est de la forme ⊢ *F(a)*, où « ⊢ » est ce qu'on appelle la *barre de jugement*, qui indique l'affirmation, et *F(a)* est ce qu'on appelle le *contenu jugeable*, le contenu qui est affirmé dans un jugement[13]. Nous

■ 12. G. Frege, *Begriffsschrift*, Halle, Louis Nebert, 1879 ; trad. fr. C. Besson, *L'idéographie*, Paris, Vrin, 1999.
■ 13. La dimension assertive était traditionnellement associée à la combinaison des deux termes dans *S est P*, de sorte que la combinaison de *S* et *P* dans une unité était aussi l'affirmation de cette unité.

comparerons cependant les schémas *S est P* et *F(a)*, sans tenir compte de l'affirmation.

Le changement de la forme syntaxique élémentaire, quand on passe de *S est P* à *F(a)*, a rendu possible l'accroissement considérable de puissance expressive qui distingue la logique moderne de la syllogistique aristotélicienne. Le nouveau schéma a de plus donné lieu à la hiérarchie des types, d'abord esquissée par Frege dans ses *Grundgesetze der Arithmetik*[14]. Au point de départ de la hiérarchie se trouve une espèce d'objets (dans la terminologie de Frege), ou d'individus (dans la terminologie des *Principia*). Un objet peut être caractérisé comme ce qui ne peut servir que d'argument dans un contenu jugeable *F(a)*. Viennent ensuite : un type de fonctions dont les arguments sont des objets, puis un type de fonctions dont les arguments sont des fonctions dont les arguments sont des objets, etc. Socrate et le chiffre 2 sont des exemples d'objet. Des exemples de fonction d'objets sont, disons, *philos* et *même*, où *philos*(Socrate) est la manière idéographique d'écrire « Socrate est un philosophe » et *même*(2) la manière idéographique d'écrire « 2 est pair ». Frege s'est rendu compte que les expressions quantificatrices « tous » et « quelques »,

> **Le nouveau schéma a donné lieu à la hiérarchie des types**

qui entrent comme des déterminations formelles de quantité dans la syntaxe syllogistique, peuvent être considérées comme référant à des fonctions de fonctions d'objets. Ainsi **tout**(*philos*) est la manière idéographique d'écrire « tout est philosophe » et **quelques**(*même*) est la manière idéographique d'écrire « quelque chose est pair »[15].

Lorsqu'ils sont considérés d'un point de vue linguistique, les types jouent le rôle de parties du discours ou de catégories grammaticales. De fait, cette vision des types est à la base de la théorie linguistique connue sous le nom de grammaire catégorielle[16]. La hiérarchie des types y fournit en effet la grammaire du langage logique. Cette grammaire est fondamentalement différente de la grammaire de la syllogistique et de la grammaire scolaire traditionnelle. En particulier, le *F* et le *a* qui remplissent le schéma *F(a)* ne sont pas syntaxiquement égaux, comme le sont les termes *S* et *P* remplissant le schéma *S est P*. Au contraire, pour que *F* soit applicable à *a*, il doit appartenir à un type d'un niveau supérieur au type de *a*. De plus, il n'y a pas de moyen sûr de distinguer les aspects de forme et les aspects de matière dans un contenu jugeable *F(a)*. *F* et *a* sont à la fois forme et matière.

Il me semble que ce sont des considérations logico-grammaticales telles que celles esquissées ici qui ont conduit Frege à développer sa hiérarchie

---

■ 14. G. Frege, *Grundgesetze der Arithmetik*, Jena, Hermann Pohle, 1893.

■ 15. La situation se complique quand l'on veut exprimer, par exemple, « certains Grecs sont philosophes » dans l'idéographie de Frege. Cela nécessite l'utilisation de variables et d'opérateurs liant les variables. Frege considérait le quantificateur comme un opérateur liant des variables, de sorte que nous écririons, disons, **quelques**x.(*grec*(x) & *philos*(x)). Une autre solution consiste à utiliser ce qu'on appelle la λ-abstraction et à écrire à la place **quelques**(λx.(*grec*(x) & *philos*(x))).

■ 16. Pour une introduction historico-philosophique à la grammaire catégorielle, voir F. Rivenc et G. Sandu, *Entre logique et langage*, Paris, Vrin, 2009, chap. 1.

des types. Une fois le contenu jugeable analysé en fonction et en argument plutôt qu'en prédicat et sujet, il suffisait d'un pas pour introduire une hiérarchie de fonctions construite sur un type primitif d'objets. Les auteurs des *Principia* ont été guidés par d'autres facteurs, à savoir la nécessité d'éviter les contradictions. Russell avait découvert en effet que le système logique de Frege était incohérent, que l'on pouvait en déduire une contradiction (connue maintenant sous le nom de paradoxe de Russell). Au cours d'un débat avec Henri Poincaré, Russell s'était convaincu que pour éviter la contradiction, il fallait respecter ce qu'il appelait le principe du cercle vicieux : on ne peut définir une entité A en s'appuyant sur une classe qui implique elle-même A ; en termes techniques, les définitions doivent être prédicatives. Le respect du principe du cercle vicieux a abouti à une structure de types beaucoup plus baroque que ce que Frege avait esquissé, une structure de types que l'on appelle souvent la hiérarchie ramifiée des types.

La hiérarchie des types présentée dans l'*Abriss* de Carnap n'est pas la hiérarchie ramifiée des *Principia*, mais plutôt ce que l'on a appelé la hiérarchie simple des types, qui est essentiellement la hiérarchie déjà esquissée par Frege. Bien que le système logique de Frege ait été incohérent, la racine de son incohérence ne résidait pas dans sa hiérarchie des types, mais dans sa théorie des parcours de valeurs (*Werthverläufe*). La hiérarchie simple des types en tant que telle ne donne lieu à aucune contradiction ; elle est en effet la matrice de la théorie simple des types développée par Church[17] et encore étudiée à ce jour par les logiciens et les informaticiens. Carnap ayant eu connaissance de l'idéographie frégéenne et de ses divisions en types par Frege lui-même quand il était son étudiant à Iéna, il est quelque peu surprenant qu'il n'ait pas reconnu la présence de la hiérarchie simple des types dans cette idéographie[18]. Carnap (*Abriss*, p. 107) place en effet les œuvres de Frege avec celles de Peano, Schröder et Couturat dans la classe des écrits logiques qui ont été dépassés par la logique moderne.

La possibilité, et la nécessité, de se passer de la ramification qui rend si complexe la théorie des types des *Principia* avaient été évoquées par le peintre et théoricien polonais Leon Chwistek et, indépendamment, par Frank Ramsey. Une définition précise de la hiérarchie simple des types qui en résulte n'a toutefois été donnée que par Carnap dans l'*Abriss*, – ce qui en fait, à ma connaissance, la première définition. Il s'agit d'une définition dite inductive, puisqu'elle décrit comment la hiérarchie des types est engendrée pas à pas.

En modifiant légèrement la notation de Carnap, la définition peut être présentée comme suit : il existe un type ι d'individus ; et si $\tau_1, ..., \tau_n$ sont des types, alors $(\tau_1, ..., \tau_n)$ est un type. Ainsi on commence la construction de la hiérarchie par la postulation du type ι et, une fois que certains types $\tau_1, ..., \tau_n$ sont disponibles, on peut utiliser la deuxième clause pour construire le type $(\tau_1, ..., \tau_n)$. Un élément de type $(\tau_1, ..., \tau_n)$ est une fonction propositionnelle n-aire f dont le i-ème argument est de type τ_i. En d'autres termes, si a_1 est de type τ_1, ..., et si a_n est de type τ_n, alors $f(a_1, ..., a_n)$ est une proposition.

■ 17. A. Church, « A formulation of the simple theory of types », *Journal of Symbolic Logic*, vol. 5, 1940, p. 56-68.
■ 18. Les notes prises par Carnap quand il suivait les cours de Frege ont été publiées dans G. Frege, « Vorlesungen über Begriffsschrift », *History and Philosophy of Logic*, vol. 17, 1996, p. 1-48.

C'est donc un système de catégories pour le langage de la logique moderne. Dans ce cas, nous avons une hiérarchie de fonctions propositionnelles – les propriétés, dans une terminologie plus traditionnelle – construites sur un seul type primitif, celui des individus. Des variantes sont possibles : nous pouvons par exemple avoir plus d'un type primitif ou nous pouvons avoir des fonctions autres que des fonctions propositionnelles. Mais l'idée de base d'une hiérarchie de types définie inductivement et servant de système de catégories est bien illustrée par cette définition de Carnap.

Sphères d'objets

Les types, ou catégories, de la hiérarchie simple des types définie dans l'*Abriss* ont une certaine nature formelle ou schématique découlant de la nature formelle ou schématique de son type primitif, à savoir le type des individus. La notion d'individu est matériellement vide. Nous ne pouvons pas donner de réponse uniforme à la question de savoir ce qu'est un individu et ce qu'est l'identité des individus. En d'autres termes, nous ne pouvons pas fournir de critères d'application et d'identité pour la notion d'individu. La notion d'individu est mieux perçue comme une forme qui peut être remplie de diverses façons pour donner naissance à des individus de diverses sortes, tout comme Carnap a vu la notion d'espace formel comme une forme qui peut être remplie de diverses façons pour donner naissance à des espaces de diverses sortes.

Le résultat d'un tel remplissement, ou matérialisation, du type schématique d'individu peut être considéré comme produisant ce que Carnap dans l'*Aufbau* (§ 29) appelle une sphère d'objets (*Gegenstandssphäre*). Carnap explique cette notion en l'identifiant à ce que Russell, à la fois dans les *Principes de mathématiques*[19] et dans les *Principia*, a appelé un domaine de signifiance (*range of significance*). En d'autres termes, une sphère d'objets, selon Carnap, se compose de tous les individus qui sont les arguments admissibles d'une fonction propositionnelle donnée, *f*, et d'eux seuls ; en d'autres termes, c'est le domaine de signifiance de *f*. Par exemple, le domaine de signifiance de la fonction propositionnelle *même* est, disons, le domaine des nombres naturels, car ce n'est que d'un nombre naturel qu'il y a du sens de dire qu'il est pair ; le domaine de signifiance de la fonction propositionnelle *philos* est, disons, le domaine des êtres humains, car ce n'est que d'un être humain qu'il y a du sens de dire qu'il est philosophe. Le domaine des nombres naturels et le domaine des êtres humains sont donc des exemples de sphères d'objets.

Russell a fait du type primitif formel des individus lui-même un domaine de signifiance. En particulier, Russell ne considérait pas l'univers des individus comme étant divisé en domaines plus petits tels que le domaine des nombres naturels et le domaine des êtres humains. La façon dont Russell comprend la notion de domaine de signifiance ne coïncide donc pas avec la façon dont Carnap comprend la notion d'une sphère d'objets, bien que les deux notions aient en apparence la même définition. L'écart ici peut probablement être

---

■ 19. B. Russell, *Principles of Mathematics*, Cambridge, Cambridge University Press, 1903 ; trad. fr. partielle dans *Écrits de logique philosophique*, Paris, P.U.F, 1989.

attribué à une divergence dans la compréhension de la notion de *signifiance*. Russell permet, alors que Carnap ne permet pas, de compter comme signifiantes ce que l'on appelle souvent les erreurs de catégorie[20]. C'est par exemple une erreur de catégorie que de dire de Socrate qu'il est pair. Pour Carnap cela exclut Socrate du domaine de signifiance de la fonction propositionnelle *même*. Pour Russell, en revanche, puisque la phrase « Socrate est pair » est grammaticalement bien formée – elle a la structure « nom *est* adjectif » – Socrate, tout comme n'importe quel autre individu, est considéré comme faisant partie du domaine de signifiance de fonction *même*.

Dans la notion carnapienne de sphère d'objets, nous avons, en effet, une autre notion de catégorie. Comme nous l'avons déjà indiqué, une catégorie, dans cet autre sens, peut être considérée comme découlant d'une matérialisation particulière, ou d'un remplissement, du type, matériellement vide, des individus, commun à Frege, à Russell et au Carnap de l'*Abriss*. Une catégorie dans ce sens est quelque chose familier à quiconque a étudié la logique moderne : le domaine d'un modèle, dans la sémantique modèle-théorétique standard, n'est rien d'autre qu'une sphère d'objets. Une sphère d'objets est, en d'autres termes, la portée d'une variable individuelle, un domaine des individus.

Sur les sphères d'objet, ou domaines des individus, D_1, ..., D_n, on peut définir une hiérarchie de types de la même manière qu'une telle hiérarchie est définie pour un type primitif unique. Chaque sphère d'objets D_i est un type primitif; et si τ_1, ..., τ_m sont des types, alors il en est de même de $(\tau_1, ..., \tau_m)$. Comme précédemment, un élément de type $(\tau_1, ..., \tau_m)$ est une fonction propositionnelle m-aire f, dont le k-ème argument est de type τ_k. La hiérarchie résultante est à nouveau un système de catégories, dont chaque catégorie résulte d'une matérialisation, ou remplissement, d'un type dans une hiérarchie simple de types schématiques, ou formels.

Dans un essai classique comparant diverses notions de catégories, Gilbert Ryle a soutenu qu'une catégorie doit être comprise comme un domaine de signifiance, donc précisément comme une sphère d'objets au sens de Carnap[21]. Cette notion de catégorie a ensuite été étudiée en détail par le logicien Fred Sommers[22]. Une autre notion de catégorie que l'on retrouve dans la philosophie plus récente remonte à Michael Dummett[23]. Une catégorie est ici considérée comme un concept sortal très général. L'adjectif « sortal » a été inventé par Locke comme synonyme de « général » entendu dans le sens de « ayant trait à des genres »[24]. À s'en tenir à la lettre, la façon dont Dummett caractérise la notion de catégorie est donc analogue à la caractérisation traditionnelle, à la Porphyre, d'une catégorie comme genre suprême. L'explication de la notion de concept sortal dans la philosophie moderne est cependant très différente de l'explication de la notion de genre donnée, par exemple, par Porphyre. Un concept sortal est généralement considéré comme un concept

20. Le terme « erreur de catégorie » a été inventé par G. Ryle, *The Concept of Mind*, London, Hutchinson, 1949. Pour une étude récente, voir O. Magidor, *Category Mistakes*, Oxford, Oxford University Press, 2013.
21. G. Ryle, « Categories », *Proceedings of the Aristotelian Society*, vol. 38, 1938, p. 189-206.
22. F. Sommers, « Types and ontology », *The Philosophical Review*, vol. 72, 1963, p. 327-363.
23. M. Dummett, *Frege. Philosophy of Language*, London, Duckworth, 1973.
24. J. Locke, *An Essay concerning Human Understanding*, London, Thomas Basset, 1690, chap. III, iii, §15.

auquel sont associés des critères d'application et d'identité. En particulier, l'idée traditionnelle, selon laquelle un genre révèle la quiddité de toute entité, quelle qu'elle soit, dont il est prédiqué de façon vraie, n'est généralement pas incluse dans la caractérisation d'un concept sortal.

L'explication d'un concept sortal n'invoque pas non plus la notion de domaine de signifiance. Il est néanmoins naturel de considérer l'extension d'un concept sortal comme une sphère d'objets, comme le suggère d'ailleurs l'expression « logique multi-sortée », signifiant un système de logique dans lequel il y a plusieurs domaines des individus, également appelés *sortes*. La théorie des types du logicien Per Martin-Löf atteste que les deux notions de concept sortal et de sphère d'objets peuvent être unifiées. Un type au sens de Martin-Löf est défini par ses critères d'application et d'identité ; mais un tel type est aussi un domaine de signifiance, et tout domaine de signifiance est un tel type[25].

Espèces d'objets (*Gegenstandsarten*)

Un système de sphères d'objets, avec ou sans une hiérarchie correspondante de types de fonctions (propositionnelles) construits à partir de ces sphères, peut être appelé un système de catégories matérielles, par opposition aux catégories formelles ou schématiques de la hiérarchie de types définie par exemple dans l'*Abriss*. Outre les sphères d'objets, l'*Aufbau* utilise une autre notion de catégorie matérielle, à savoir ce que Carnap appelle *espèce d'objets* (*Gegenstandsarten*). Dans l'*Aufbau*, Carnap s'intéresse avant tout à quatre espèces d'objets : en premier lieu les objets physiques, les objets psychiques et les objets culturels ou spirituels (*geistige*), mais les objets psychiques sont ensuite divisés en objets auto-psychiques et hétéro-psychiques. Les choses ordinaires de la nature comme les arbres et les pierres sont des objets physiques (Carnap considère aussi la couleur, le poids et la température comme des objets/concepts physiques) ; ses propres vécus (*Erlebnisse*) sont des objets auto-psychiques ; les vécus d'autrui sont hétéro-psychiques ; les institutions et œuvres d'art sont des objets spirituels.

Contrairement aux sphères d'objets, les espèces d'objets n'ont donc absolument pas de caractère logique : aucune notion logique n'est invoquée dans l'explication de ce qu'est une espèce d'objets. Mais il est tout à fait naturel de prendre les espèces d'objets, par exemple celles qui sont distinguées ici, comme constituant un système de catégories. Dans la doctrine des catégories de Husserl, les espèces d'objets prises dans ce sens sont appelées *régions* et se distinguent de ce que Husserl appelle les catégories formelles, qui sont comparables aux types schématiques, ou formels[26]. L'un des principaux objectifs de l'*Aufbau* de Carnap est de montrer que les espèces d'objets peuvent en un sens être projetés sur une hiérarchie de types simple, construite sur un type primitif de vécus dits « élémentaires » (*Elementarerlebnisse*). Un système de concepts dont l'ensemble fournirait des « reconstructions rationnelles » de tous les concepts scientifiques, un système sur lequel tous les concepts

---

■ 25. P. Martin-Löf, *Intuitionistic Type Theory*, Napoli, Bibliopolis, 1984.
■ 26. E. Husserl, *Ideen, op. cit.*, § 9-16.

scientifiques peuvent être projetés, c'est ce que Carnap appelle un *système constitutionnel*. L'un des principaux objectifs de l'*Aufbau* est donc de montrer, ou de rendre plausible, que, dans le cadre de la hiérarchie des types mentionnée, il est possible de construire un système constitutionnel. Bien que les espèces d'objets ne soient pas, à première vue, de nature logique, on montre ainsi qu'ils se prêtent non seulement à une reconstruction rationnelle, mais à une reconstruction logique, une reconstruction en termes de notions centrales pour la logique moderne ; d'où, peut-être, le titre du livre : il est montré qu'il y a une construction logique du monde.

Tout concept apparaissant dans un système constitutionnel est soit primitif, soit défini : un système constitutionnel doit être un « arbre généalogique des concepts » (*Stammbaum der Begriffe*), comme dit Carnap (*Aufbau*, § 1). Dans un système constitutionnel utilisant la théorie des types, comme celui esquissé par Carnap, les concepts sont rendus sous forme de fonctions propositionnelles. En particulier, les concepts primitifs sont des fonctions propositionnelles qui ne sont pas définies en termes d'autres fonctions propositionnelles, mais sont introduites par stipulation. Carnap rapporte que dans une version antérieure du système constitutionnel, il avait utilisé cinq fonctions propositionnelles primitives (*Aufbau*, § 83) ; mais dans l'*Aufbau* (§ 82), il suggère qu'on pourrait se contenter d'une seule, à savoir ce qu'il appelle le souvenir de similarité (*Ähnlichkeitserinnerung*). Cette relation vaut entre les vécus élémentaires x et y si une partie du souvenir de x est similaire à une partie de y – autrement dit, si le souvenir de x présente une similitude partielle avec y.

Dans une section de l'*Aufbau* (sc. § 83) dont Carnap dit qu'on peut l'omettre, il suggère d'appeler *catégories* les concepts primitifs d'un système constitutionnel. C'est, autant que je sache, le seul endroit dans son œuvre où la notion de catégorie est explicitement discutée sous ce nom. Cela montre que la compréhension qu'avait Carnap de la notion est de part en part kantienne, puisqu'il les présente comme « les formes de la synthèse du divers de l'intuition dans l'unité d'un objet ». Kant considérait en effet aussi les catégories comme les concepts primitifs (*Stammbegriffe*) de l'entendement, qu'il opposait aux concepts dérivés en appelant ces derniers « prédicables » (*Critique de la raison pure*, A81/B107). Que Carnap ait compris le terme en ce sens ne contredit bien sûr pas l'un des présupposés du présent texte, à savoir que plusieurs autres notions apparaissant dans l'œuvre de Carnap peuvent aussi être appelées *catégories*.

Après l'*Aufbau*

La thèse de l'unité de la science, ou de la science unifiée (*Einheitswissenschaft*), était l'une des marques de fabrique de l'empirisme logique. Elle a joué un rôle central dans de nombreuses œuvres de Carnap au moins jusqu'à l'époque de son émigration aux États-Unis. La façon dont Carnap a compris cette thèse a varié en fonction du développement de ses vues philosophiques globales et de ses projets, mais aussi longtemps qu'il s'y est activement intéressé, il semble avoir été guidé par une idée fondamentale : la science est unifiée si elle n'a à étudier qu'une seule espèce d'objet. Cette idée remonte à Aristote qui, dans les *Seconds analytiques* (I. 28), dit qu'« une science est une si elle s'intéresse à une seule espèce (*genos*) ». Par conséquent, si la science n'a qu'une seule espèce d'objets à étudier, il n'y a qu'une seule science, autrement dit, la science est unifiée. Dans l'*Aufbau,* l'espèce d'objet privilégiée est celle des objets auto-psychiques. Le fait qu'un système constitutionnel puisse être construit en prenant comme seule base le type primitif des vécus élémentaires montre que tous les objets/concepts étudiés par la science sont réductibles à des objets auto-psychiques – que, en fin de compte, la seule espèce d'objets que la science ait à étudier est celle des objets auto-psychiques. Vers 1930, des soucis concernant l'intersubjectivité de la science ont amené Carnap à privilégier à la place les objets physiques. Le physicalisme qui en a résulté devait guider une grande partie du travail de Carnap dans les années 1930.

La notion d'espèce d'objets n'est donc pas propre à la théorie constitutionnelle de l'*Aufbau* : c'est un thème récurrent dans les réflexions de Carnap sur la science unifiée. La notion de sphère d'objets revient également dans de nombreux travaux de Carnap après l'*Aufbau.* Lors de l'introduction de la notion, Carnap discute de ce qu'il appelle la « confusion des sphères » (*Sphärenvermengung*), qui est ce que Ryle appellerait plus tard des erreurs de catégorie.

> **Dans l'*Aufbau*, l'espèce d'objet privilégiée est celle des objets auto-psychiques**

Dans l'*Aufbau* (§ 30), Carnap s'intéresse surtout aux ambiguïtés du vocabulaire quotidien qui se révèlent dans une telle confusion des sphères. Par exemple, une personne et une tâche peuvent être appelées ingrates ; mais comme les personnes et les tâches n'appartiennent pas aux mêmes sphères, l'attribut « ingrat » doit être considéré comme ambigu, car autrement notre utilisation de ce terme entraînerait une confusion des sphères. (Aristote a utilisé une technique similaire pour détecter l'ambiguïté, ou homonymie, dans les *Topiques,* I. 15 et dans la *Métaphysique,* Δ 7.) Quelques années plus tard, Carnap utilise la notion de confusion des sphères dans sa célèbre critique de la métaphysique au moyen de l'analyse logique du langage[27]. La confusion des sphères est alors considérée comme l'une des principales sources de non-sens en métaphysique, et il est dit qu'elle est particulièrement fréquente chez Hegel et Heidegger.

Une notion carnapienne qui a fait récemment l'objet de nombreuses discussions en philosophie, en particulier en méta-ontologie, est la notion de cadre linguistique, introduite dans le célèbre article « Empirisme, sémantique, et ontologie »[28]. Un cadre linguistique est un langage spécifié de façon précise pour parler d'entités d'une certaine espèce. Carnap veut considérer l'acceptation d'entités de n'importe quelle espèce (choses observables dans l'espace-temps, nombres naturels, propositions, propriétés) comme ne représentant rien

---

27. R. Carnap, « Überwindung der Metaphysik durch logische Analyse der Sprache », *Erkenntnis*, vol. 2, 1932, p. 219-241.

28. R. Carnap, « Empiricism, semantics, and ontology », *Revue Internationale de Philosophie*, vol. 4, 1950, p. 20-40. Des discussions sur cet article du point de vue de la méta-ontologie contemporaine se trouvent dans D. Chalmers, D. Manley et R. Wasserman, *Metametaphysics*, Oxford, Oxford University Press, 2009 et S. Blatti et S. Lapointe, *Ontology after Carnap*, Oxford, Oxford University Press, 2016.

de plus que l'acceptation d'un cadre linguistique adéquat. La question de l'existence d'entités de cette espèce reçoit alors, dans ce cadre, une réponse triviale, mais n'a pas de réponse hors de ce cadre. Certes, il ne s'agit pas de faire de la notion même de cadre linguistique une notion catégorielle. Mais son explication invoque la notion d'espèce d'entités, et il ressort, des exemples de Carnap, qu'une telle espèce n'est rien d'autre qu'une sphère d'objets : les variables du cadre ont pour valeur les entités de l'espèce en question, et ces entités forment un domaine sur lequel les fonctions propositionnelles sont définies. L'espèce forme ainsi une sphère d'objets. Bien qu'il ne soit pas lui-même une notion catégorielle, un cadre linguistique est donc, pour ainsi dire, construit autour d'une catégorie entendue comme sphère d'objets[29].

Selon Carnap, un cadre linguistique doit inclure un nom de l'espèce d'entité qu'il concerne, ce qu'on appelle parfois un symbole de type. Par exemple, dans un cadre linguistique pour parler des nombres naturels, il doit y avoir un symbole de type de nombres, et dans un cadre linguistique pour parler des propositions, il doit y avoir un symbole de type de propositions. Dans « Empirisme, sémantique et ontologie », les symboles de type sont appelés termes généraux, probablement en raison de la relation entre l'adjectif « général » et le substantif grec *genos*. Dans la *Syntaxe logique du langage* § 76, ils étaient plutôt appelés mots universels (*Allwörter*). Wittgenstein avait noté dans le *Tractatus* que dire de quelque chose que c'est, par exemple, un nombre, c'est tout autre chose que de dire qu'il est pair[30]. En effet, Wittgenstein soutenait que si le prédicat « pair » a une fonction propositionnelle qui lui correspond – notre *même* – le prédicat « nombre » n'en a pas : que quelque chose soit un nombre fait partie de ces choses qui ne peuvent se dire, et ne peuvent qu'être montrées par le symbolisme que nous utilisons. Dans la *Syntaxe logique*, Carnap s'opposait à ce mysticisme, soutenant que nous pouvons exprimer, par exemple, que quelque chose est un nombre, à condition de comprendre cette revendication de la bonne manière, à savoir comme une revendication sur un certain symbolisme. Que 7 est un nombre, par exemple, doit être compris comme l'affirmation que « 7 » est un nom de nombre[31].

On peut estimer que Carnap suggère ici une solution à ce qui a été appelé le paradoxe du concept *cheval*, qui nous vient de Frege[32]. Les principes de la théorie sémantique de celui-ci semblent en effet conduire à affirmer que le concept *cheval* n'est pas un concept – ce qui a l'air contradictoire. Le problème posé est parfois considéré comme portant sur la manière de rendre compte de la référence aux fonctions. Il me semble que le problème fondamental ici est plutôt de comprendre la forme logique des phrases dont le prédicat est un symbole de type[33]. Quelle est, par exemple, la forme logique de la phrase

■ 29. W. V. Quine, « On Carnap's Views on Ontology », dans *The Ways of Paradox*, New York, Random House, 1966, p. 126-134, adopte une vision similaire des cadres linguistiques.

■ 30. L. Wittgenstein, *Tractatus logico-philosophicus*, London, Routledge & Kegan Paul, thèse 4.126.

■ 31. Cet aspect particulier du catégorialisme de Carnap a été discuté en détail par C. Klein, « Carnap on categorial concepts » *in* S. Awodey, C. Klein (eds.), *Carnap Brought Home : The View from Jena*, Chicago, Open Court, 2004, p. 295-316.

■ 32. G. Frege, « Über Begriff und Gegenstand », *Vierteljahrsschrift für wissenschaftliche Philosophie*, vol. 16, 1892, p. 192-205 ; trad. fr. dans *Écrits logiques et philosophiques*, Paris, Seuil, 1971.

■ 33. A. Klev, « The concept *horse* is a concept », *Review of Symbolic Logic*, vol. 11, 2018, p. 547-572.

« le concept *cheval* est un concept » ? Plus généralement, quelle est la forme logique d'une phrase « *a* est un τ », où τ est un type ou une catégorie ? La réponse de Carnap à cette question, dans la *Syntaxe logique,* consistait à dire que ces phrases sont de nature métalinguistique, que ce sont des phrases sur le langage. On peut en rendre compte dans la logique standard des prédicats : elles sont de la forme $F(a)$, mais le domaine de signifiance de la fonction propositionnelle F consiste ici en expressions linguistiques, et a est une telle expression. La phrase « le concept *cheval* est un concept », par exemple, exprime, disons, que le mot « cheval » est un terme conceptuel, et sa forme logique est C(« *cheval* »). Dans le cadre de la présente étude, peu importe de savoir si c'est là une solution satisfaisante au problème du concept *cheval*. Ce qui nous intéresse davantage, c'est le fait que Carnap aborde ce problème et en discute dans plusieurs sections de la *Syntaxe logique* (§ 76-81), montrant ainsi une fois de plus sa préoccupation pour les notions catégorielles.

Ansten Klev
Institut de philosophie, Académie tchèque des sciences

R. Carnap

CARNAP, QUINE ET L'ANALYTICITÉ

François Schmitz

Pour concilier son empirisme avec le fait que les « vérités » logiques et mathématiques semblent indépendantes de ce qui est le cas dans le monde, Carnap repris à son compte, en l'élaborant soigneusement, la thèse développée par Wittgenstein dans son *Tractatus*, selon laquelle les énoncés logiques et mathématiques ne disent rien du monde : ils sont « analytiques ». Son disciple et ami, Quine, en vint à récuser la notion d'analyticité et le partage entre énoncés analytiques et énoncés synthétiques. Il s'ensuivit, entre les deux hommes, un débat philosophique exemplaire par sa rigueur et son honnêteté intellectuelle. Cet article tente de restituer les grandes lignes de ce débat et d'en dégager les ressorts.

L'empirisme rencontre une difficulté bien connue : comment comprendre que la « vérité » des énoncés mathématiques ne semble pas reposer sur l'expérience sensible ? Un empirisme conséquent, comme celui développé par J. S. Mill, conduit à ne voir dans cette circonstance apparente qu'une illusion : en réalité, les mathématiques, à l'instar de toutes les sciences, sont fondées sur l'induction. Il se trouve seulement que ses principes premiers sont confirmés par toutes nos expériences et ce dès notre plus jeune âge et qu'ils acquièrent ainsi une certitude que n'ont pas les énoncés des sciences dites « empiriques », comme la physique, la chimie, etc. Toutefois, le cours de l'expérience fut-il autre, rien n'interdit qu'un énoncé comme 2 + 2 = 5 ne soit admis comme vrai.

Cela peut sembler déroutant et contre-intuitif : il semble bien, comme le soutenait Whewell contre Mill, que si nous observions tel jour, à telle heure, que de la réunion de 2 poires et de 2 pommes résulte un ensemble de 5 fruits, nous ne remettrions pas en cause la « vérité » de 2 + 2 = 4, mais admettrions que nous avons été victimes d'une illusion ou que nous avons été négligents dans notre observation. Il semble donc qu'un énoncé mathématique ne peut être réfuté par une observation, et que si tel semble être le cas, c'est l'observation qui doit être incriminée, pas l'énoncé mathématique. Et s'il ne peut être réfuté par une observation, il ne peut non plus en provenir, comme le remarquait Leibniz contre Locke.

Pour échapper à la thèse millienne, on est alors tenté de considérer que la « raison » est en mesure d'établir par elle-même ce genre de « vérité » à propos d'entités éthérées, ou, dans une veine kantienne, que ces « vérités » se fondent sur des constructions dans une intuition pure.

Les gens du Cercle de Vienne étaient résolument empiristes mais ils n'étaient guère enclins à suivre Mill dans sa conception des mathématiques, ni, a fortiori, d'admettre une forme ou une autre de « rationalisme » ou de « platonisme ».

L'alternative que l'on vient d'évoquer, tient à ce que les mathématiques se présentent comme constituées d'énoncés *vrais*, et cela n'a de sens que si ces énoncés expriment des propriétés ou des relations entre objets. Ainsi, les mathématiques, comme toute science, semblent se rapporter à un domaine d'objets à propos desquels elles énoncent des vérités. Et si l'on est un adepte de la thèse logiciste, selon laquelle les mathématiques ne sont qu'une branche de la logique, la même remarque s'applique aux énoncés de la logique[1].

Pour échapper à cette alternative, il suffirait donc de montrer qu'il ne s'agit là que d'une illusion : les énoncés logiques et mathématiques ne sont pas « vrais » et ne se rapportent pas à des « objets ». C'est la thèse que développa Wittgenstein dans son *Tractatus*, et qui permit à Carnap et aux gens du Cercle de Vienne, de concilier leur empirisme avec le statut apparemment très particulier des énoncés mathématiques.

En reprenant le vocabulaire de Kant, cela conduit à la thèse que les énoncés logiques et mathématiques sont *analytiques* et doivent être soigneusement distingués des énoncés synthétiques ayant un contenu factuel, ceux dont la vérité est sanctionnée par l'expérience. Le partage entre ces deux types d'énoncés est exhaustif puisqu'un empirisme conséquent ne ménage pas de place pour des « jugements synthétiques *a priori* ».

Cette thèse, soigneusement élaborée par Carnap d'abord d'un point de vue purement syntaxique, puis d'un point de vue sémantique, fit l'objet d'une controverse célèbre dans les années 40 et 50, lorsque Quine, pourtant grand admirateur de Carnap, la rejeta au profit d'une conception qui n'est pas sans rappeler celle de Mill[2].

1. Carnap, qui avait suivi des cours de Frege entre 1910 et 1914 sur sa logique et sa « Begriffsschrift » et étudié de près les *Principia Mathematica* de Whitehead et Russell, s'était convaincu de la pertinence de la thèse logiciste, même s'il tenta de la concilier avec la « méthode axiomatique » hilbertienne.
2. Rappelons que Quine lors de son périple en Europe au début des années trente, rencontra longuement, au printemps 1933, Carnap qui était alors en poste à l'Université Allemande de Prague, et qui lui fit lire les dactylographies de la *Syntaxe Logique du Langage* (R. Carnap, *The Logical Syntax of Language*, London, Routledge & K. Paul, 1964; dorénavant *Syntaxe…*).

La thèse tractatusienne : les « propositions » de la logique et des mathématiques sont vides de sens (sinnlos)

Nous nous contenterons d'indiquer quelques thèses exposées dans le *Tractatus*[3]. Ces thèses valent pour tout langage.

1) Il y a des propositions élémentaires, directement confrontables à la réalité, et qui sont vraies ou fausses selon que l'état de choses (empirique) qu'elles expriment est, ou n'est pas, réalisé.

2) Les propositions élémentaires sont logiquement indépendantes les unes des autres : de la vérité ou de la fausseté d'une proposition élémentaire, on ne peut rien tirer concernant la vérité ou la fausseté d'une autre proposition élémentaire.

3) Toutes les autres propositions (dites *propositions générales*) sont des composés vérifonctionnels de propositions élémentaires : leur valeur de vérité ne dépend que de celle des propositions élémentaires qui figurent en elles.

4) Les *possibilités de vérité* d'une proposition (générale, nous ne le répéterons pas) sont toutes les combinaisons des valeurs de vérité des propositions élémentaires qui figurent en elle. Les valeurs de vérité que prend une proposition pour ces différentes combinaisons sont ces *conditions de vérité*. Les *fondements de vérité* d'une proposition sont les possibilités de vérité pour lesquelles elle est vraie. Une proposition ψ suit logiquement d'une proposition φ si, et seulement si, les fondements de vérité de φ sont inclus dans ceux de ψ.

5) Le sens (*Sinn*) d'une proposition est donné par ses conditions de vérité : comprendre une proposition, c'est savoir à quelles conditions elle est vraie et à quelles conditions elle est fausse. Le sens d'une proposition est donné antérieurement et indépendamment de sa vérité ou de sa fausseté.

6) Il y a des propositions qui sont vraies pour toutes leurs possibilités de vérité et qui, ainsi, n'ont plus de conditions de vérité ; elles sont dépourvues de sens (*sinnlos*), ce sont les *tautologies*, autrement dit les propositions *analytiques*.

7) Même si les mathématiques ne sont pas une branche de la logique, les propositions des mathématiques ont le même statut que les propositions de la logique : elles sont dépourvues de sens.

8) Sous jacente aux thèses précédentes, il y a la thèse, capitale pour ce qui va suivre, que les relations logiques entre propositions (*cf.* 4.) sont déterminées par leur sens ; elles sont internes au langage et indépendantes de ce qui est cas dans le monde. Autrement dit, la logique ne se surajoute pas à un langage, elle lui est immanente.

■ 3. Pour une présentation se voulant pédagogique des doctrines du *Tractatus*, nous nous permettons de renvoyer à notre petit livre, *Wittgenstein* (Paris, Les Belles Lettres, 1999).

Prolongements carnapiens

Même si les gens du Cercle, et Carnap tout le premier, furent très impressionnés par le *Tractatus*, ils n'en retinrent pas toutes les thèses, en raison de ses limites et de certaines thématiques qui semblèrent à certains d'entre eux (Neurath, Carnap, Hahn) relever d'un régime de pensée encore métaphysique.

La première limite évidente que présente le *Tractatus* tient à la thèse que *toutes* les propositions sont fonctions de vérité de propositions élémentaires (3. ci-dessus), autrement dit ne sont formées (dans des langages comme ceux de Frege et Russell) qu'en combinant des propositions élémentaires à l'aide des seuls connecteurs propositionnels. Cela exclut donc les logiques d'ordre supérieur et limite le champ du logique à ce que l'on appelle aujourd'hui le calcul des propositions : les universelles sont traitées comme des conjonctions et les existentielles comme des disjonctions, ce qui est loin d'être satisfaisant, à moins d'admettre témérairement des conjonctions ou des disjonctions de longueur infinie.

La deuxième limite concerne les mathématiques. Wittgenstein soutenait que toutes les propositions mathématiques étaient des équations, ce qui peut sembler là encore une restriction abusive.

Enfin, la doctrine du *Tractatus* suppose qu'il n'y a qu'*une* logique souterrainement présente dans tout langage, et rejette la possibilité d'un métalangage dans lequel formuler la syntaxe ou la sémantique d'un langage-objet au nom du fait que les relations logiques ne peuvent que « se montrer », et non être « dites ». Or les débats autour du finitisme et de la logique intuitionniste (sans parler des logiques plurivalentes) rendaient plausible l'idée qu'il puisse y avoir une pluralité de logiques ; et le recours à un métalangage pour formuler la théorie de la vérité pour un langage-objet était non seulement possible mais nécessaire comme l'avait montré Tarski.

Carnap retint essentiellement la thèse centrale du *Tractatus*, que tout langage est intrinsèquement porteur d'une logique ou, si l'on veut, que les « règles de transformation » (logiques) sont, au même titre que les règles de formation (grammaticales), constitutives d'un langage. Et en raison de son adhésion au logicisme, cela s'étend aux mathématiques elles-mêmes.

En conséquence, les propositions de la logique et des mathématiques ne sont que des « auxiliaires formels » permettant de transformer les propositions des sciences naturelles en d'autres propositions ayant autant ou moins de contenu, étant entendu qu'une théorie scientifique (la physique, par excellence) se présente comme un ensemble logiquement et mathématiquement articulé de propositions ayant un contenu « factuel ». Logique et mathématiques sont donc les instruments grâce auxquels, par exemple, de « lois générales » peuvent se déduire, moyennant des données particulières, des prévisions quant aux résultats d'une expérimentation. Ces « sciences formelles » n'ayant pas d'objet ont donc un caractère purement instrumental[4]. C'est de leurs

---

■ 4. Cela est en plein accord avec la thèse tractatusienne (6. 211) que Wittgenstein soutiendra tout au long de sa vie, quels que furent ses revirements par ailleurs.

« propositions » telles qu'elles se présentent ordinairement que l'on peut dire qu'elles sont analytiques

Il reste que les limites dans lesquelles était enfermé le *Tractatus*, imposaient d'aller plus loin. En premier lieu, la question de l'analyticité ne peut plus concerner *le* langage, mais doit être relativisée à des langages particuliers. Cette diversité des langages, et donc des logiques, est admise par Carnap au nom du célèbre « principe de tolérance » qu'il formule ainsi : « *En logique il n'y a pas de morale.* Tout le monde est libre de construire comme il l'entend sa propre logique, *i. e.* sa propre forme de langage (*Syntaxe...*, § 17) ».

En deuxième lieu, les langages en question doivent être artificiellement construits de telle sorte que leurs règles de formation et de transformation soient exactement et explicitement formulées. Les langages naturels comportent sans doute des règles de ce genre, mais ils sont trop complexes et trop mal structurés logiquement pour que l'on puisse les dégager précisément.

En troisième lieu, Carnap appelle « règles de transformation » aussi bien les axiomes logico-mathématiques que les règles d'inférence proprement dites. Cela conduit donc à intégrer aux langages artificiels qu'il construit ces axiomes et règles d'inférence, en sus des règles de formation (grammaticales) habituelles.

On pourrait donc admettre qu'une fois explicitées les règles de transformation d'un langage construit, les énoncés [5] analytiques *relativement à un tel langage*, sont simplement les énoncés qui sont *démontrables* sur la base des seules règles de transformation, sans qu'il soit fait appel dans leur *dérivation* à des prémisses (hypothèses). De la sorte on obtiendrait une caractérisation purement *syntaxique* de ces énoncés, sans prendre en compte la « signification » des expressions dont ils sont formés et donc en faisant abstraction de la question de leur vérité ou de leur fausseté. C'est une telle approche qui est adoptée par Carnap dans la *Syntaxe...* de 1934 qui, en cela, suit Wittgenstein (*Tractatus*, 6. 126) [6].

Une telle approche doit cependant surmonter la difficulté que soulève le théorème d'incomplétude de Gödel : il y a des énoncés arithmétiques qui sont intuitivement valides, mais qui ne sont pas *démontrables* dans un système de type Peano. On ne peut donc rabattre simplement l'analytique sur le démontrable dans un langage qui incorporerait les axiomes arithmétiques aux règles de transformation. Carnap définit donc une notion plus forte que celle de *démontrable*, celle de *conséquence* et caractérise les énoncés analytiques comme étant ceux qui sont conséquences de la classe vide de prémisse, *i. e.* qui ne font appel, dans leur déduction, qu'aux *règles de conséquence* du langage considéré [7].

■ 5. Dans ce qui suit nous utiliserons « énoncé » (suite de marques graphiques) plutôt que « propositions », réservant ce dernier terme à la « signification » des énoncés.

■ 6. De manière plus générale, au début des années trente, les gens du Cercle se méfiaient des notions sémantiques et en particulier de celles de vérité et de fausseté, aux relents un peu trop métaphysiques à leur goût.

■ 7. Toutefois cela le conduit à adopter des règles d'inférence « infinitistes » qui ne permettent pas de s'assurer en un nombre fini d'étapes qu'un énoncé est analytique ou pas, ce qui entraîne des complications (même si cela est admissible en vertu du principe de tolérance). Comme il s'agit là de constructions passablement techniques nous ne pouvons entrer dans les détails. Nous nous permettons de renvoyer le lecteur intéressé par ces constructions techniques à notre ouvrage, *Le Cercle de Vienne* (Paris, Vrin, 2009), chap. VII.

Cette caractérisation revient à dire, en mode « matériel », que les énoncés analytiques sont inconditionnellement vrais (dans un langage donné) quelles que soient les circonstances empiriques. Mais il ne suit pas immédiatement de là qu'ils sont vides de sens (*sinnlos*), qu'ils n'ont pas de « conditions de vérité », comme le soutenait Wittgenstein, puisque l'on en reste à un critère purement syntaxique. Carnap ne se contente donc pas de la caractérisation précédente et introduit un succédané syntaxique de la notion de « signification » et des notions annexes, pour les énoncés puis pour les diverses expressions qui les composent, ce qu'il appelle leur « contenu ». Dans les langages qu'il présente dans la *Syntaxe...*, comme dans tout langage du reste, on trouve des prédicats descriptifs (« x est rouge », « la température de x est de $y°$ Celsius » ...) permettant de former des énoncés qui, en termes matériels, sont vrais ou faux selon ce qui est le cas dans le monde, ne sont ni analytiques ni contradictoires et sont donc synthétiques (logiquement indéterminés). On définit alors le *contenu* d'un énoncé par l'ensemble de ses *conséquences* non-analytiques, c'est-à-dire, en termes matériels, par l'ensemble des énoncés susceptibles d'être faux. Or on peut admettre que plus un énoncé est susceptible d'être faux, plus il est informatif, ou, à l'inverse, qu'un énoncé qui a toutes les chances d'être vrai ne dit pas grand-chose du monde. Ainsi, en vertu du *Modus Tollens*, plus un énoncé a de conséquences synthétiques plus il est susceptible d'être faux et donc, comme le dit Carnap, plus son contenu est riche. À la limite, un énoncé qui n'a aucune conséquence synthétique, ne dit rien sur le monde, son contenu est nul : c'est précisément le cas des énoncés analytiques puisque seuls des énoncés analytiques en sont conséquences.

Il en résulte immédiatement, que si le contenu d'un énoncé ψ est contenu dans celui d'un énoncé φ, en affirmant φ, on affirme ψ, ce qui se traduit syntaxiquement par le fait que ψ est *conséquence* de φ, et donc que φ ⇒ ψ est analytique[8]. De la même manière, deux énoncés ayant même contenu, *i. e.* ayant les mêmes conséquences non-analytiques, sont conséquences l'un de l'autre et sont, dans les termes de Carnap, *equipollents*. Ainsi, il revient au même de dire que φ ⇒ ψ est « vrai », ou que φ ⇔ ψ l'est, en raison seulement des règles de transformation (règles de conséquence) d'un langage donné, que de dire que le contenu (la signification) de ψ est inclus dans celui de φ, ou que φ et ψ ont même contenu, respectivement. On retrouve ainsi ce que disait Wittgenstein (*Tractatus* 5. 14)

De là on peut définir la synonymie (avoir même contenu) de deux expressions figurant dans des énoncés : deux expressions ε₁ et ε₂ sont synonymes si et seulement si tout énoncé φ dans lequel figure ε₁ est équipollent à l'énoncé obtenu à partir de φ en substituant ε₂ à ε₁.

Cette caractérisation du contenu d'un énoncé, permet ainsi de donner une version syntaxique de l'idée communément admise que si un énoncé ψ suit (logiquement) d'un autre, φ, il doit y avoir un « lien » quelconque entre φ et ψ, lien que leur seule valeur de vérité ne prend pas en compte et qui requiert

---

▨ 8. Ainsi, en général, le résultat d'une inférence à partir de prémisses non-analytiques ne peut accroître en rien nos connaissances. Notons un point important : qu'un énoncé soit *conséquence* d'un ou de plusieurs autres ne dépend que des règles de transformation du langage donné et il est donc possible de déterminer de manière purement logique quel est le contenu d'un énoncé.

de considérer leur « signification ». En termes plus techniques, cela revient à dire que ce n'est pas parce qu'une implication $\varphi \Rightarrow \psi$ est vraie que ψ suit de φ, puisqu'en vertu de la définition de l'implication « matérielle », il suffit, par exemple que ψ soit vrai pour que, quel que soit φ, l'implication le soit (« Paris est dans une bouteille $\Rightarrow 2 + 2 = 4$ » est vrai). C'est cette circonstance qui avait conduit Lewis à introduire sa notion d'« implication stricte », notion modale qui se traduit par : $\varphi \Rightarrow \psi$ est nécessaire. En fournissant une définition syntaxique du contenu d'un énoncé, et plus spécifiquement de l'analyticité, Carnap prétend donc qu'il est inutile d'introduire l'idiome modal : « il est nécessaire que φ » se traduit syntaxiquement par : φ est analytique, *i. e.* sa « vérité » ne dépend que des règles de transformation intra-langagières, ou de son contenu tel que défini syntaxiquement plus haut.

Quine estimait
que son
collègue et ami
s'aventurait là
en terrain miné

Pour des raisons qu'il serait trop long de développer ici, cette réduction de la notion de signification à la notion syntaxique de *contenu*, et, plus généralement, des notions sémantiques à des notions syntaxiques, apparut peu satisfaisante à Carnap, ce qui le conduisit à adopter, à la fin des années trente, une nouvelle approche de ces questions en termes directement sémantiques. Ce en quoi, il fut encouragé par les remarquables résultats de Tarski concernant le concept (sémantique) de « vérité » pour un langage déterminé. Il en vint à estimer qu'il était possible de traiter directement et de manière rigoureuse, de la *signification* (ou *intension*) des différents types de symboles entrant dans un langage formalisé et de définir ainsi directement le « logiquement vrai » (analytique) en termes d'intension ; ce qui conduisait donc à une « logique intensionnelle » permettant simultanément de traiter des modalités. Quine estimait que son maître et ami s'aventurait par là en terrain miné : « Je pense qu'il est fâcheux d'entrer dans les complexités et les périls philosophiques que l'usage d'un langage intensionnel comporte, simplement pour fournir une analyse d'un type de langage que nous considérions initialement comme sans importance » écrivait-il à Carnap le 4 février 1938[9].

Au tournant des années trente-quarante, les deux hommes discutèrent, soit directement soit épistolairement, de ces questions et dès 1943 Quine publiait un premier article dans lequel il faisait montre de ses réticences concernant les notions sémantiques[10]. L'année précédente Carnap avait fait paraître *Introduction to Semantics*, premier d'une série de trois volumes, dont le dernier, *Meaning and Necessity*[11], paru en 1947, constitue pour une part une réponse aux objections, orales ou écrites, de Quine. Enfin, ce dernier publia en 1951 l'article, *Two dogmas of empiricism*[12], considéré par beaucoup comme portant le coup de grâce à la notion d'analyticité. Carnap écrivit une

■ 9. R. Creath, (ed.), *Dear Carnap, Dear Van*, Berkeley, University of California Press, 1990 (dorénavant *Dear Carnap...*), p. 241.
■ 10. « Notes on Existence and Necessity », *The Journal of Philosophy*, vol 40, n° 5, p. 113-127.
■ 11. R. Carnap, *Meaning and Necessity* (2ᵉ ed.) Chicago, The University of Chicago Press, 1956, dorénavant *M&N*.
■ 12. Cet article est repris dans W. v. O. Quine, *From a Logical Point of View*, New York, Harper Torchbook, 1963, p. 20-46 ; dorénavant *F.L.P.V.* Nous citerons cet article d'après cette édition.

réponse qui ne fut publiée qu'à titre posthume[13]. À vrai dire, comme on le verra, Carnap n'estimait pas les objections de Quine bien fondées, et en conséquence, ne s'en trouva guère ébranlé.

Extension et intension dans *Meaning and Necessity*

Pour comprendre ce qui suit, il convient de revenir sur un point que nous n'avons pas encore évoqué, celui de l'extensionnalisme. Dans la *Syntaxe…*, Carnap, admettait, sous une forme syntaxique quelque peu alambiquée, que l'on pouvait se contenter d'un langage extensionnel. Cela signifie simplement, en termes matériels, que les constantes d'individu ont comme référence des objets (ou des positions), les prédicats à une place, des classes, les prédicats à plus n places, des classes de n-uplets, et les énoncés, des valeurs de vérité (Vrai, Faux). Objets, classes et valeurs de vérité sont les *extensions* des expressions correspondantes. Un langage est extensionnel si, en particulier, toute substitution dans un énoncé d'une expression co-extensionnelle à une expression figurant dans l'énoncé, se fait *salva veritate*. Par exemple, dans « Stendhal fut consul à Civittavecchia », on peut substituer *salva veritate* « H. Beyle » à « Stendhal », puisque ces deux noms désignent le même objet. Inversement, si deux expressions sont telles que l'on peut substituer *salva veritate* l'une à l'autre dans tout énoncé dans lequel figure l'une d'entre elles, ces deux expressions ont même extension. Par exemple, dans tout énoncé de la forme « α est un homme », on peut substituer *salva veritate*, « … est un bipède (naturellement) sans plume » à « …est un homme ».

Il est clair que le principe leibnizien ne s'applique plus dans les contextes dits « intensionnels » et donc en particulier dans les contextes modaux : dans « 8 est supérieur à 7 », on peut substituer *salva veritate*, « le nombre des planètes » à « 8 », alors que dans « il est nécessaire que 8 soit supérieur à 7 », que l'on peut raisonnablement tenir pour vrai, la même substitution aboutit à une fausseté. De la même manière, on ne peut substituer « le nombre des planètes » à « 8 » dans « "8 > 7" est analytique » (cette dernière phrase appartient au métalangage). La substitution *salva veritate* dans ces contextes intensionnels ne serait possible que si les expressions intersubstituables avaient non seulement la même extension, mais également la même « intension ». Il faut donc élaborer un critère d'identité pour les intensions et il est assez intuitif que cela revient à établir que deux expressions, par exemple, deux énoncés ont même intension (expriment la même *proposition*) si, et seulement si, ils sont analytiquement équivalents. Ainsi se tissent les liens, étudiés par Carnap dans *M&N*, entre analyticité, nécessité et intension (signification).

La solution de Carnap s'inspire de la définition tractatusienne du sens (nous dirons dorénavant « signification ») d'un énoncé comme étant ses conditions de vérité, définition qui peut être étendue aux autres expressions (constantes d'individu et de prédicat). Mais, comme on peut s'y attendre, cela suppose que l'on considère des langages artificiellement construits dont les règles de

---

■ 13. Cette réponse fut publiée dans *Dear Carnap…* mais son contenu fut toutefois repris en partie par Carnap, dans sa réponse à Quine dans le volume *The Philosophy of R. Carnap*, P. A. Schilpp (ed.), Chicago, Open Court, 1963 (dorénavant *Schilpp*), p. 915-922.

formation et les « règles sémantiques » (qui se substituent maintenant aux « règles de transformation » de la *Syntaxe*...) soient explicitées.

Soit un (micro-)langage *L* comportant, outre les symboles logiques habituels, trois constantes d'individu, *a*, *b*, et *c*, et deux constantes de prédicat à une place, *P* et *Q*, dont la désignation est donnée par des *règles de désignation*[14]. Cela permet de former six énoncés élémentaires, *P*(*a*), *P*(*b*), *P*(*c*), *Q*(*a*), *Q*(*b*) et *Q*(*c*), que l'on admet ici logiquement indépendants les uns des autres[15]. Il y a 64 « possibilités de vérité » pour ces six énoncés de *L*. Pour chacune d'elles, les différents énoncés élémentaires sont soit vrais soit faux. Soit par exemple la possibilité de vérité : $P(a) \to V$, $P(b) \to F$, $P(c) \to V$, $Q(a) \to F$, $Q(b) \to F$ et $Q(c) \to V$, à laquelle correspond l'ensemble des énoncés élémentaires ou négations d'énoncé élémentaire : {*P*(*a*), ~*P*(*b*), *P*(*c*), ~*Q*(*a*), ~*Q*(*b*), *Q*(*c*)}. Un tel ensemble, dans lequel ne figurent pas un énoncé élémentaire et sa négation, décrit exhaustivement (relativement à *L*) un « monde *possible* ». Il y a donc 64 « mondes possibles » relativement à *L* et parmi eux un et un seul est réel[16]. Carnap appelle ces 64 ensembles d'énoncés élémentaires et négations d'énoncé élémentaire « descriptions d'état » et celle qui correspond au monde réel, « description d'état vraie ». Maintenant, on fixe des *règles d'évaluation* qui déterminent la valeur de vérité d'un énoncé quelconque de *L* (construit à l'aide des connecteurs et des quantificateurs), relativement à une description d'état[17] ; d'où il résulte que, par exemple, $\forall x P(x)$ est faux relativement à la description d'état ci-dessus, alors que $\exists x Q(x)$ est vrai, tout comme $\forall x P(x) \Rightarrow \exists x Q(x)$, relativement à la même description d'état, etc. La valeur de vérité d'un énoncé quelconque relativement à une description d'état est déterminée uniquement par ces règles et ne dépend en rien de ce qui est le cas dans le monde. On peut donc savoir a priori relativement à quelles descriptions d'état un énoncé est vrai et relativement à quelles autres il est faux, ce qui revient à en connaître la signification, en vertu de la théorie vériconditionnelle du sens propositionnel développée dans le *Tractatus*. « Savoir a priori » veut dire ici : en ne prenant en compte que les règles sémantiques (de désignation et d'évaluation), sans faire appel à aucune donnée empirique.

On peut maintenant définir simplement la relation de consécution logique par : ψ suit de φ si, et seulement si, l'ensemble des descriptions d'état relativement auxquelles φ est vrai est inclus dans l'ensemble des descriptions d'état relativement auxquelles ψ est vrai. Plus intuitivement cela revient à dire que ψ suit de φ si, et seulement si, ψ est « vrai » dans tous les mondes possibles dans lesquels φ l'est. En ce cas l'implication φ ⇒ ψ est vraie relativement à *toutes* les descriptions d'état, ou si l'on veut est « analytique », et cela ne dépend que de la signification de ces deux énoncés, *i. e.* de leurs conditions de vérité, en termes tractatusiens.

■ 14. Cela n'est pas tout à fait exact; nous simplifions là encore.
■ 15. Cela pose un problème que Carnap résoudra dans un article postérieur : « Meaning Postulates », repris à la fin de la deuxième édition de *M&N*. Nous y reviendrons.
■ 16. Carnap fait explicitement référence à la notion leibnizienne de « monde possible » dans *M&N*, p. 9. (*cf.* également *Schilpp*, p. 63).
■ 17. Ce sont les règles récursives classiques sauf pour la première : un énoncé élémentaire φ est vrai relativement à une description d'état D si, et seulement si, φ ∈ D ; un énoncé de la forme φ ⇒ ψ est vrai relativement à D si, et seulement si, φ est faux relativement à D ou ψ est vrai relativement à D ; un énoncé de la forme $\exists x \varphi[x]$ est vrai relativement à D si, et seulement si, il existe une constante α tel que $\varphi[\alpha]$ est vrai relativement à D, etc.

On peut alors généraliser en distinguant deux types d'énoncé. Il y a d'une part, ceux qui sont vrais relativement à certaines descriptions d'état et faux relativement aux autres ; et si la description d'état « vraie » se trouve parmi celles relativement auxquelles un énoncé est vrai, on dira simplement que cet énoncé est vrai, sinon il est faux ; cela dépend évidemment de ce qui est le cas dans le monde, puisque savoir quelle est la description d'état vraie en dépend. Il s'agit donc d'un énoncé « synthétique ».

D'autre part, il y a des énoncés qui, en vertu des seules règles sémantiques, sont vrais relativement à *toutes* les descriptions d'état, comme par exemple l'énoncé $[P(a) \wedge {\sim}P(c)] \Rightarrow {\sim}P(c)$. Ces énoncés ne sont donc pas simplement vrais (dans notre monde), ils sont *logiquement vrais*. Ce sont les énoncés « analytiques », énoncés que Carnap appelle « L-vrais »[18]. La caractéristique importante de ces énoncés est donc qu'il suffit de faire appel aux règles sémantiques pour en établir la vérité, sans avoir à faire appel à des données empiriques. D'où la formule qui reviendra fréquemment dans les discussions des années cinquante : les énoncés analytiques sont vrais en vertu de leur signification.

Appelons « proposition » l'intension (la signification) d'un énoncé de L. On peut alors en fournir un critère d'identité (relativement à L) : deux énoncés, φ et ψ, expriment la *même proposition*, si, et seulement si, $\varphi \Leftrightarrow \psi$ est L-vraie (analytique), autrement dit si, et seulement si, relativement à toute description d'état, la *valeur de vérité*, de φ est identique à celle de ψ, ce qui, là encore, ne dépend d'aucune circonstance empirique[19].

À partir de cette notion de proposition, on peut fournir un critère d'identité pour la signification (intension) des constantes de prédicat et d'individu. Par exemple, deux prédicats P et Q à une place expriment la *même propriété* si, et seulement si, $\forall x[P(x) \Leftrightarrow Q(x)]$ est L-vrai (analytique). Cela revient à dire que, relativement à toute description d'état, la *classe* des P est identique à celle des Q, ce qui, là encore, peut être déterminé en ne recourant qu'aux règles sémantiques[20]. En ce cas on dira que les prédicats P et Q sont L-équivalents et si « $\forall x[P(x) \Leftrightarrow Q(x)]$ » est vrai, mais pas L-vrai, on dira que ces deux prédicats sont équivalents.

Il est maintenant possible de distinguer *deux* principes de substituabilité, selon que l'on a affaire à des contextes extensionnels ou à des contextes intensionnels. Dans ces derniers contextes, seule la substitution d'une expression L-équivalente à une expression figurant dans ledit contexte préserve la vérité (nous simplifions outrageusement).

---

18. De la même manière, on définit un énoncé *contradictoire* (L-faux) comme étant un énoncé faux relativement à toutes les descriptions d'état. Un énoncé « synthétique » n'est donc ni L-vrai, ni L-faux, il est L-*indéterminé* puisqu'il ne suffit pas de faire appel aux règles sémantiques pour en établir la vérité ou la fausseté.

19. Si $\varphi \Leftrightarrow \psi$ est L-vraie, on dira que ces deux énoncés sont L-*équivalents*. De là, on peut définir formellement une proposition comme étant la classe d'équivalence, pour la relation de L-équivalence, d'un énoncé qui l'exprime, ou même, plus directement, comme étant l'ensemble des descriptions d'état relativement auxquelles cet énoncé est vrai.

20. Même chose pour les *relations* exprimées par les prédicats à plus d'une place. Pour les constantes d'individu (et les descriptions définies) qui expriment ce que Carnap, à la suite de Church, appelle des *concepts individuels*, les choses sont plus complexes et nous ne pouvons les aborder ici. Cette sémantique préfigure la « sémantique des mondes possibles » pour les logiques modales développées dans les années cinquante (Hintikka, Kripke, etc.).

On peut alors faire face à la difficulté soulevée par l'exemple précédent du nombre des planètes[21]. Il est clair que les prédicats « être le nombre des planètes » et « être la puissance troisième de 2 » sont équivalents puisque «$\forall x[x$ est le nombre des planètes $\Leftrightarrow x = 2^3$] » est vrai dans la description d'état (relativement à L_1) vraie. Mais il est tout aussi clair que cet énoncé n'est pas L-vrai, puisqu'il y a certainement une autre description d'état relativement à laquelle il est faux. Ces deux prédicats n'expriment donc pas la même propriété et, dans un langage comportant les opérateurs modaux, ils ne peuvent donc être substitués l'un à l'autre dans des contextes (intensionnels) comme « il est nécessaire que $2^3 > 7$ ». Par contre, on peut substituer *salva veritate* dans ce dernier énoncé « 2.4 » à « 2^3 » puisque « $\forall x(x = 2.4 \Leftrightarrow x = 2^3)$ » est L-vrai[22]. Et même *salva L-veritate* : en effet, Carnap pose à titre de règle sémantique qu'« il est nécessaire que φ » est vrai si et seulement si φ est L-vrai (analytique). Or qu'un énoncé soit L-vrai ne dépend que des règles sémantiques du langage considéré, et donc dès lors qu'un énoncé de la forme « il est nécessaire que φ » est vraie, il est L-vrai. Comme on vient de voir que « il est nécessaire que 2.4 > 7 » est vrai, ce dernier énoncé est donc également L-vrai, tout comme l'était du reste « il est nécessaire que $2^3 > 7$ »[23].

Précisons maintenant le statut de cette construction carnapienne. Carnap soutient que les notions d'analyticité ou de nécessité telles qu'on les trouve, sous des déguisements divers, dans la tradition philosophique, sont à la fois légitimes, mais cependant trop vagues pour que l'on puisse les accepter telles quelles. Il s'agit donc pour lui non pas tant de les définir mais d'en fournir ce qu'il appelle une « explication », c'est-à-dire un analogue formellement satisfaisant et intuitivement proche de ce que les philosophes avaient tenté de penser avec elles. Ce genre d'« explication » ne peut prétendre ressaisir le sens exact des notions expliquées puisque précisément, avant d'être ainsi « expliquées » ces notions restaient vagues et passablement indéterminées. Le mieux que l'on puisse demander est que l'on retrouve dans l'explication des traits qui semblent être bien présents dans la signification que paraissaient leur accorder les auteurs de la tradition ; et, pour Carnap, « cet *explicandum* [*i. e.* "vérité analytique"] a été parfois caractérisé comme vérité fondée sur de pures raisons logiques, sur la seule signification, indépendante de la contingence des faits »[24].

■ 21. Nous admettons ici que le langage considéré, disons L_1 comporte toutes les expressions requises par l'exemple. Il y avait dans l'article de 43 de Quine une objection plus technique visant la combinaison des quantificateurs et des opérateurs modaux que nous ne pouvons exposer ici mais à laquelle Carnap répond également dans *M&N*. Carnap fut, avec R. Barcan, le premier à traiter de la logique modale quantifiée en 1946.
■ 22. On pourrait dire la même chose en termes d'analyticité : on peut substituer *salva L-veritate* « 2.4 » à « 2^3 » dans « $2^3 > 7$ ».
■ 23. Et si un énoncé de la forme « il est nécessaire que φ » est vrai, et donc L-vrai, alors « il est nécessaire que "il est nécessaire que φ" » est lui-même L-vrai, ce qui est l'un des axiomes de logique modale (l'axiome 4) discutés au cours des années trente. Cet axiome exprime la thèse leibnizienne, et anti-cartésienne, que si une vérité est nécessaire, il est nécessaire qu'elle le soit (et elle s'impose donc même à Dieu).
■ 24. *M&N*, p 10. On songe par exemple à ce que Leibniz répliquait à Locke à propos des « propositions qu'on nomme maximes ou axiomes » (*N. E.* IV, 7 § 1) : « Vous trouverez en cent lieux que les philosophes de l'École ont dit que ces propositions sont évidentes *ex terminis*, aussitôt qu'on en entend les termes, de sorte qu'ils étaient persuadés que la force de la conviction était fondée dans l'intelligence des termes, c'est-à-dire dans la liaison de leurs idées ». Mais c'est sans doute plutôt à Kant que Carnap pensait.

Dans cette perspective, la construction de langages artificiels et les définitions données des notions en question ne sont que des suggestions dont la validité ne peut être exactement prouvée, mais qui permettent de donner un sens exact aux dites notions. La contrepartie de cette manière de faire est qu'on ne peut être assuré que ces notions sont effectivement légitimes dans leurs usages traditionnels et qu'il y aurait donc quelque chose à « expliquer ». Il est clair que la thèse tractatusienne de l'immanence de la logique au langage et la possibilité de son adaptation à la pluralité des langages, ont conduit Carnap à estimer que l'on avait là un motif suffisant pour penser que les auteurs de la tradition avaient, avec ces notions, mis le doigt sur quelque chose d'intéressant. Notons cependant que l'explication carnapienne ne concerne que certains contextes intensionnels, à savoir les contextes modaux (étant admis que l'analyticité est une notion modale), mais pas des contextes du genre « Jean croit, pense souhaite, etc. que... », contextes dans lesquels la substituabilité *salva veritate* demande une relation plus forte que la L-équivalence, à savoir la *synonymie*[25]. Plus précisément encore, la notion de vérité analytique (nécessaire) considérée jusqu'ici correspond seulement à celle de « vérité logique » (ou logico-mathématique, pour Carnap) au sens habituel.

Y a-t-il quelque chose à expliquer ?

Dès leurs échanges au début des années quarante, Quine jetait les bases de son désaccord avec la démarche carnapienne en insistant sur le fait que le recours à des constructions artificielles, comme le sont les langages carnapiens, est insuffisant tant que l'on ne dispose pas d'une explication (en un sens non-carnapien) de type behaviouriste, fondée donc sur l'examen du comportement linguistique des locuteurs d'un langage effectivement en usage, de ce que l'on veut dire lorsque l'on dit « qu'une configuration (*pattern*) sonore ou scripturale est analytique pour un individu donné » (*Dear Carnap...*, p. 338). Tant que l'on n'a pas fourni une telle explication « pragmatique » de ce que veut dire « analytique », le fait de déclarer « analytique » tel ou tel type d'énoncé d'un langage artificiellement construit, n'explique rien, tout simplement parce que l'on ne sait pas encore ce qui est à expliquer[26]. Comme il le dira dans « Two dogmas... » (*F.L.P.V.*, p. 33) : « ... avant de pouvoir comprendre une règle qui commence par "Un énoncé S est analytique pour le langage L_0 si et seulement si... ", nous devons comprendre le terme relationnel général "analytique pour"; nous devons comprendre "S est analytique pour L" avec "S" et "L" variables ».

Aussi bien dans sa correspondance avec Carnap dans les années quarante que dans la première partie de « Two dogmas... », Quine distingue deux types d'énoncé que l'on tient souvent pour analytiques : les vérités logiques au sens strict et les énoncés que nous dirons « analytiques au sens large » dont le prototype (quinien) est donné par « Aucun célibataire n'est marié ». Dans

---

▨ 25. Dans *M&N*, Carnap introduit une relation plus forte que la *L*-équivalence, à savoir l'*isomorphisme intensionnel*, correspondant à la notion intuitive de synonymie. Nous ne pouvons entrer dans plus de détails sur ce point.

▨ 26. Dans le langage de l'époque, l'étude « pragmatique » d'un langage porte sur le comportement linguistique des locuteurs d'un langage effectivement en usage; il s'agit donc d'une discipline empirique.

ces textes, sa critique porte exclusivement sur ce deuxième type d'énoncé analytique puisque Quine admet que « la difficulté majeure ne réside pas dans la première classe [celle des vérités logiques] (*F.L.P.V.*, p. 24, *cf.* également *Dear Carnap...*, p. 296) ». Nous reviendrons sur cette première classe dans un instant.

Sur quoi repose l'analyticité supposée de « Aucun célibataire n'est marié » ? La réponse semble simple : elle repose sur le fait que « célibataire » et « personne non mariée » sont *synonymes* et que si l'on substitue « personne non-mariée » à « célibataire » dans « Aucun célibataire n'est marié », on obtient une instance de la forme « Aucun A non-B n'est B », autrement dit on obtient une vérité logique.

Supposons que l'on ait une bonne définition de la synonymie. On peut à partir d'elle définir l'analyticité au sens large : un énoncé est analytique si, et seulement si, il peut être transformé en une vérité logique par substitution de synonymes à synonymes. De la même manière, on peut considérer que la notion de signification peut être définie à partir de la synonymie : la signification d'une expression est ce qu'elle « a » en commun avec toutes les expressions qui lui sont synonymes, ou même, comme la classe d'équivalence de l'expression en question pour cette relation (définition par abstraction). Bref, les trois notions d'analyticité, signification et synonymie sont inter-définissables.

Encore faudrait-il pouvoir déterminer « pragmatiquement » que dans notre langage « célibataire » est synonyme de « personne non-mariée ». Dans ses échanges épistolaires avec Carnap en 1943 et dans son article de la même année, Quine semblait peu optimiste quant à la possibilité de donner une caractérisation « pragmatique » de la synonymie, mais il ne l'excluait pas et même espérait que l'on puisse y parvenir.

C'est dans « Two dogmas... », après la publication de *M&N* (1947) que Quine en vint à la conclusion que cette entreprise était désespérée. Il y montrait que l'on pouvait certes éliminer la notion, la plus suspecte à ses yeux, de signification au profit de la synonymie et de l'analyticité, mais que l'on ne pouvait définir ces deux notions, et, de plus, celle de nécessité, que les unes par les autres ; d'où un cercle dont on ne peut sortir et qui rend la caractérisation carnapienne via la construction de langages artificiels sans support ; d'où son verdict : le mieux que l'on puisse tirer des constructions carnapiennes est qu'elles étiquettent « analytiques » certains énoncés dans chacun de ces langages construits, ce qui est purement nominal au sens où on pourrait tout aussi bien les étiqueter « abracadabrantesques ». Cela ne permet pas de savoir ce qu'*en général*, on entend par analytique[27].

Il faut préciser ici un point que nous n'avons fait que signaler. Dans *M&N*, la définition carnapienne de l'analyticité relativement à un langage *L*, suppose que les énoncés élémentaires de *L* soient *logiquement indépendants* les uns des autres (thèse tractatusienne). Cela ne permet précisément pas de prendre en compte l'analyticité supposée d'énoncés comme « Aucun célibataire n'est

---

■ 27. Quine estimait à l'inverse que, certes, la définition tarskienne de la vérité était également relative à un langage, mais « ce que nous avons suffit pour doter d'un haut degré d'intelligibilité "vrai dans *L*", même pour *L* variable, de sorte qu'il est peu probable que nous soyons réticents à utiliser cet idiome (*F.L.P.V.*, p. 138) ».

marié ». Il y a toutefois quelque chose qui peut y ressembler : dans les « règles de désignation » (exprimées dans le métalangage, en gros, le français) Carnap stipule, à titre d'exemple, ce que sont censées désigner certaines constantes (descriptives) figurant dans L. Parmi ces constantes, on trouve « Hx » et « RAx », dont ces règles stipulent qu'elles désignent respectivement « x est humain » et « x est un animal rationnel » ; et Carnap ajoute (p. 4) que « ces mots [français] utilisés ici sont supposés être compris de telle sorte que «être humain» et «animal rationnel» signifient la même chose ». Il en résulte, que $\forall x(\text{H}x \Leftrightarrow \text{RA}x)$ est L-vrai (analytique) et donc que H(α) (avec « α » constante d'individu) *n'est pas* logiquement indépendant de RA(α). Ainsi si H(α) figure dans une description d'état, ~RA(α) ne peut y figurer contrairement à ce qu'implique la définition de « description d'état ». Curieusement, dans *M&N*, Carnap ne semble pas se soucier de cette anomalie; mais on peut y voir une manière de prendre en compte les vérités analytiques au sens large mises en avant par Quine. Dans un article postérieur (« Meaning Postulates » repris à la fin de la seconde édition de *M&N*), Carnap aborde de front cette question et avance pour la résoudre l'idée que lors de la construction d'un langage comme L, l'auteur de la construction, peut tenir compte de ce qu'il estime, plus ou moins intuitivement, être des expressions synonymes dans le langage ordinaire et *décider* de les traiter dans sa reconstruction comme ayant même signification. En ce cas, il faut modifier légèrement la définition de « description d'état » de telle sorte à exclure, par exemple, que puisse figurer dans une description d'état H(α) et ~RA(α). Il s'agit bien d'une *décision*, car l'auteur de la construction ne peut être assuré que *de facto* ces expressions soient véritablement synonymes. Pour Carnap, cela n'est dû qu'à l'imprécision et au vague des langages ordinaires, qui impliquent justement que l'on fasse des choix qui ne peuvent être logiquement justifiés.

Toutefois, là encore, aux yeux de Quine, il faudrait être assuré qu'il y a un sens pragmatiquement spécifiable de la synonymie avant de prendre ce genre de décision. Or c'est ce qu'il récuse et qu'il argumente plus avant en se mettant dans la position d'un lexicographe cherchant à déterminer quels sont les synonymes, dans sa propre langue, d'expressions d'une langue lui étant entièrement étrangère, ce qui revient donc à tenter de déterminer quelle est la signification de ces expressions étrangères. Quine admet que notre lexicographe peut débuter son enquête en s'appuyant sur quelques grands schèmes conceptuels primitifs qu'il partage avec son interlocuteur indigène, comme par exemple qu'il y a des objets, que ce qui se meut forme un tout, qu'une tempête est un événement à peu près délimité, etc. Bien entendu, notre lexicographe ne peut procéder qu'en examinant le comportement verbal, dans des situations particulières, d'un locuteur indigène de cette langue. Toutefois, une fois reconnues (par essais et erreurs) quelques correspondances, dans des situations élémentaires données, entre ce que dit l'interlocuteur indigène et le vocabulaire du lexicographe, ce dernier est amené à extrapoler, à faire des hypothèses, pour affiner sa recherche de traduction d'expression inaccessible à ce premier genre d'enquête et il est alors immanquablement conduit à projeter son propre schème conceptuel (« sa *Weltanschauung* Indo-Européenne »), porté par sa langue, sur ce qu'il recueille comme données de la part de son interlocuteur. Quine en conclut : « Le lexique achevé est un cas évident de *ex pede Herculum*. Mais il y a une différence. En projetant Hercule à partir de son pied, nous prenons le risque de nous tromper, mais nous pouvons nous consoler en songeant qu'il y a bien quelque chose à propos de quoi nous nous trompons. Dans le cas du lexique, ne disposant pas d'une définition quelconque de la synonymie, nous n'avons aucune manière de poser le problème ; il n'y a rien à propos de quoi le lexicographe pourrait avoir raison ou tort »[28]. Bref, en termes carnapiens, il n'y a *rien* à expliquer et cela ne concerne donc pas seulement la question de la synonymie, mais les notions qui font système avec elle, l'analyticité, la nécessité (au sens large) et bien sûr, la signification. Par la suite, Quine labourera en le renforçant cet argument par « l'indétermination de la traduction », en particulier dans son grand livre *Word and Object*. Cela ruine donc l'idée de « vrai en vertu de la signification » au moins s'agissant des énoncés supposés analytiques au sens large.

Carnap, mais pas seulement lui, ne pouvait admettre cette position extrême et il tenta de montrer comment, dans ce genre de situation de « traduction radicale », il était possible, même approximativement (mais cela est inévitable dans des enquêtes empiriques) de spécifier l'intension (signification) d'une expression utilisée par le locuteur indigène[29]. Il est assez apparent qu'entre la thèse (carnapienne) que ce genre de traduction ne souffre que des difficultés propres à toute recherche empirique, et celle (quinienne) qui y voit une impossibilité de principe, il est impossible de trancher. Le débat sur ce point en resta donc là.

Cependant, plus généralement, que penser de l'exigence, qui sous-tend toutes ces critiques de Quine, que l'on ne peut se contenter de définir « analytique dans *L* », avec *L* construit artificiellement avec ses règles sémantiques explicites, mais que l'on doit d'abord s'assurer qu'il y a quelque chose à expliquer, ce que seule une caractérisation « pragmatique » de l'analyticité ou de la synonymie peut fournir ? Carnap estime qu'il serait certes souhaitable de disposer d'une telle caractérisation (et il estime que cela n'est pas impossible même si cela n'est pas encore fait), mais il « ... ne pense pas qu'il soit nécessaire en général de fournir un concept pragmatique afin de justifier l'introduction d'un concept en sémantique pure (*Schilpp*, p. 919) ». Là encore, la discussion ne pouvait aboutir.

Les vérités logiques

Ce qui précède ne concerne que les soi-disant vérités analytiques au sens large. Même si Carnap était tout à fait prêt à admettre qu'il s'agit là de « vérités analytiques », il ne s'agissait pas pour lui des cas de vérités analytiques les plus importants : sa thèse fondamentale porte sur les vérités logico-mathématiques dont, comme on l'a vu, il soutient qu'elles sont analytiques c'est-à-dire, après le tournant sémantique, vraies en vertu des règles sémantiques d'un langage

■ 28. « The problem of meaning in linguistic » (1951), in *F.L.P.V.*, p. 63.
■ 29. *Cf.* « Meaning and Synonymy in Natural Languages », repris à la fin de la deuxième édition de *M&N*, p. 233-247.

donné. Mais là encore, selon Quine, il est vain d'y voir des énoncés « vrais en vertu de la signification ». Pourquoi ?

La caractérisation qu'il donne des vérités logiques reprend, en gros, le critère déjà avancé par Bolzano : un énoncé est logiquement vrai lorsqu'il reste vrai pour toute substitution uniforme, à des expressions non-logiques figurant en lui, de n'importe quelle expression appartenant aux mêmes catégories grammaticales. Cela suppose évidemment que l'on ait fixé ce qui compte comme vocabulaire logique (par exemple en en donnant une liste), mais Quine admet que là n'est pas le point[30].

Il considère que les vérités de la logique élémentaire (du premier ordre) sont « évidentes » (*obvious*), non pas en un sens plus ou moins psychologique, mais au sens où, dans notre communauté linguistique, tout le monde ou presque, les reconnaît pour vraies[31]. Et cela tient seulement à ce qu'elles restent vraies après substitution et ne peuvent donc être fausses (elles sont infalsifiables). Peut-on aller plus loin, et en tirer qu'elles tiennent leur vérité de la signification des particules logiques ? Non, la seule chose que l'on peut dire est qu'elle sont vraies quelles que soient les circonstances, et on ne dit donc rien de substantiel en disant qu'elles sont vraies en raison de circonstances linguistiques ; on pourrait dire tout aussi bien qu'elles le sont en raison de la structure du monde, par exemple. Quine prend l'exemple de l'identité à soi, « $\forall x[x=x]$ », dont on peut dire aussi bien qu'elle est vraie en vertu de la « signification » de « = », que du fait que toute *chose* est identique à elle-même[32]. Dans un texte un peu postérieur, il dira : « les vérités logiques sont impliquées par un énoncé quelconque. Il est donc trivial que les vérités logiques sont vraies en vertu de n'importe quelles circonstances qu'il nous plaira de nommer : le langage, le monde, n'importe quoi »[33].

Nos deux auteurs s'accordent donc sur le fait que les vérités logiques ne dépendent, pour être telle, d'aucune circonstance (factuelle) particulière, qu'elles sont vraies « quoi qu'il arrive »[34], mais pour Quine, cela ne permet justement pas d'invoquer un « ce en vertu de quoi » elles sont vraies : puisqu'elles sont vraies en vertu de n'importe quoi, sélectionner un quelque chose « en vertu de quoi » elles sont vraies, la « signification » par exemple, n'ajoute rien à ce simple fait. La théorie selon laquelle les vérités logiques le sont « en vertu de la signification » des particules logiques n'est donc ni vraie ni fausse, elle

---

30. Quine estime que la logique du premier ordre, avec son appareil de connecteurs propositionnels et de quantificateurs, ses lettres de prédicat et variables d'individu, puisqu'elle est « complète » (*i. e.* toutes les « vérités logiques » sont démontrables d'une manière ou d'une autre), et qu'elle peut constituer la grammaire canonique du langage de la science, devait être tenue pour *la* logique (pour nous) ; il en excluait donc la théorie des ensembles (la logique du second ordre n'est qu'une théorie des ensembles « déguisée en agneau »). C'est de la complétude de la logique du premier ordre que Quine tire sa définition des vérités logiques comme celles qui restent vraies pour toute substitution. Nous ne pouvons entrer dans les détails ici.

31. Cette « évidence » est aussi bien celle des vérités primitives d'un système axiomatique, que celle des étapes des démonstrations aboutissant à de nouvelles vérités logiques.

32. *Cf.* W. v. O. Quine, *The Ways of Paradox*, Cambridge, Harvard University Press, 1976, p. 113 ; trad. fr. *Les voies du paradoxe et autres essais*, Paris, Vrin, 2011.

33. W. v. O. Quine, *Philosophie de la logique*, trad. fr. J. Largeault, revue par Quine, Paris, Aubier-Montaigne, 1975, p. 142.

34. Mais pour Carnap cela ne vaut pas seulement pour les vérités logiques au sens étroit ; nous ne pouvons entrer dans les détails ici.

est vide et n'apporte rien; autrement dit elle ne peut constituer une *théorie* (épistémologique) de la vérité logique. À cela Carnap pouvait répondre que de qualifier d'analytique (en son sens) les vérités logiques n'en constitue justement pas une théorie (au sens où on parle de théorie physique, par exemple) mais ne vise qu'à en éclairer (expliquer) la signification (le philosophe carnapien ne fournit aucune théorie, il ne vise qu'à expliquer et clarifier le sens de ce que l'on dit, thèse tractatusienne) et cela ne relève, comme toute « explication » que d'une suggestion. La critique quinienne semble donc manquer son but : « Le point principal de sa critique semble plutôt que la doctrine [celle la "doctrine linguistique des vérités logiques élémentaires"] est "vide" et sans "signification empirique". Je suis évidemment d'accord avec cela, et suis surpris que Quine estime nécessaire d'asseoir ce point de vue sur des arguments détaillés (*Schilpp*, p. 917) ». De plus, en admettant que les vérités logiques le sont quoi qu'il arrive, Quine, aux yeux de Carnap, ne fait justement que mettre le doigt sur ce qui est au cœur de l'*explicandum* qu'il cherche à expliquer sous la forme « vérité analytique ».

Holisme et analyticité

Il reste à examiner un dernier point. Dans « Two dogmas... », après avoir mis en évidence le cercle évoqué ci-dessus, Quine en concluait : « Qu'il faille établir une distinction [entre énoncés analytiques et synthétiques] est un dogme non-empirique de l'empirisme, un article de foi métaphysique (*F.L.P.V.*, p. 37) ».

Il voyait dans ce dogme l'effet de l'autre dogme épinglé dans la seconde partie de cet article, à savoir la théorie vérificationniste du sens des énoncés qui conduit à la thèse que « deux énoncés sont synonymes si, et seulement si, ils sont empiriquement vérifiables ou réfutables de la même manière (id.) », ce qui rappelle la définition que donne la *Syntaxe...* du contenu d'un énoncé (*cf.* ci-dessus) [35]. Selon Quine, qui s'appuie en cela sur l'*Aufbau* de Carnap, cette théorie vérificationniste conduit à admettre qu'un énoncé pris isolément peut être empiriquement vérifié ou réfuté sans prendre en considération le contexte théorique dans lequel il figure. Or cela est illusoire : reprenant sur ce point, à la suite de Neurath, la thèse (holiste) de Duhem, Quine soutient que ce n'est jamais un énoncé isolé qui peut être confirmé ou réfuté, mais la théorie tout entière dont il fait partie et même, plus largement, l'ensemble de notre manière de conceptualiser le monde. En simplifiant beaucoup, on peut se représenter la manière de voir de Quine sous la forme d'un oignon : à la périphérie, on trouve tous les stimuli sensoriels dont nous sommes affectés; puis ceux-ci sont rapidement « mis en forme » en vertu de notre complexion psycho-intellectuelle et de l'apprentissage que nous faisons du langage, selon un schème conceptuel dont le trait le plus saillant est de voir le monde comme constitué d'objets plus ou moins permanents. À partir de là, en s'enfonçant de

---

35. La théorie vérificationniste, issue du *Tractatus*, définit le sens d'un énoncé comme étant donné par la procédure permettant de déterminer s'il est vrai ou faux empiriquement. Elle fut largement débattue au sein du Cercle de Vienne et ne fut maintenue par Carnap qu'au prix d'un affaiblissement considérable.

plus en plus au cœur de l'oignon, on trouve des constructions conceptuelles de moins en moins déterminées par « l'expérience » et dont la vertu est de nous donner une vue à la fois la plus simple et la plus commode possible de la diversité des stimuli initiaux. Quine reprend par là le grand projet de l'*Aufbau* de Carnap qui était de « construire (logiquement) » le monde à partir des « vécus élémentaires » jusqu'aux concepts les plus abstraits de la science. Toutefois, là où Carnap ne cherchait qu'à fournir une « reconstruction rationnelle » sans prétendre reconstituer les processus réels de cette élaboration conceptuelle, Quine cherche à fonder tout cela sur des bases empiriques fournies par la psychologie, la linguistique, etc. Bref, il s'agit de « naturaliser » cette construction (d'où l'expression « épistémologie naturalisée »). Cette naturalisation ne veut pas dire absolutisation, au contraire : les constructions subséquentes aux stimuli sensoriels n'obéissent pas à une nécessité quelconque. Elles pourraient être différentes tout en étant aussi simples et commodes ; il se trouve seulement que notre « schème conceptuel », dans sa globalité, satisfait très correctement ces réquisits et que, pour l'instant, nous n'en avons pas de meilleur ; et la logique (élémentaire), qui est au centre de l'oignon, permet, avec sa grammaire extrêmement simple, d'« enrégimenter » de manière satisfaisante le discours scientifique ; même chose pour les mathématiques.

Il résulte de cette vision des choses que si, par exemple, une conséquence d'une théorie entre en contradiction avec une donnée expérimentale, on ne peut en attribuer la responsabilité à un énoncé particulier, qu'il faudrait alors corriger. Pour supprimer cette contradiction, de nombreuses possibilités s'offrent au savant et le choix qu'il fera n'est pas logiquement déterminé. Il est seulement probable qu'il s'efforcera de toucher aussi peu que possible aux principes les plus vénérables de la théorie en question et plus généralement aux principes qui gouvernent l'ensemble de notre schème conceptuel, à savoir, par excellence, la logique et les mathématiques (principe de mutilation minimale). Toutefois, il serait possible, en principe, de faire porter la correction sur ces dernières composantes, même s'il est bien préférable de ne pas y toucher au vu des bouleversements que cela entraînerait[36]. En d'autres termes, les vérités logiques supposées vraies seulement « en vertu de la signification » partagent le sort de tous les énoncés « synthétiques » d'une théorie : d'une part, elles sont (très, très) lointainement sanctionnées par l'« expérience », et, d'autre part, elles sont susceptibles d'être révisées, même si, de fait, elles ne le seront qu'en dernière extrémité.

Le vérificationnisme que Quine épingle dans « Two Dogmas… » était peut-être celui de l'*Aufbau*, mais Carnap en avait rapidement compris les limites dans les années 1930-1935, sous l'influence, en particulier de Neurath. Ainsi, il admettait lui aussi dans la *Syntaxe…* que pour faire face à une contradiction expérimentale « … les *L*-règles utilisées dans les déductions peuvent également être changées. Il n'y a pas de règles établies pour le type de changement qui doit être effectué (§ 82) ». En vertu du principe de tolérance, Carnap était donc parfaitement prêt à admettre que des données expérimentales puissent

36. C'est ainsi, par exemple, que pour faire face au principe d'« indétermination » de Heisenberg, certains (comme von Neumann ou Destouche) proposèrent de modifier la logique ; mais cela ne fut guère suivi.

conduire à changer de logique ou de mathématiques. Ce n'est donc pas sur la révisabilité des « vérités » logiques ou mathématiques (analytiques pour Carnap) que nos deux auteurs divergent. Mais, contrairement à Quine, Carnap n'y voit nullement une remise en cause de la distinction entre l'analytique et le synthétique : cette distinction est *interne* à un langage et tant qu'on s'en tient au langage en question, la distinction est parfaitement nette. Si l'on remet en question des vérités tenues pour analytiques dans un langage, on change tout simplement de langage et donc de logique. Mais dans ce nouveau langage, on retrouvera la distinction entre les énoncés qui sont vrais en vertu des règles sémantiques du langage en question et ceux qui sont, plus ou moins médiatement, sanctionnés par l'expérience (voir, par exemple, *Dear Carnap...*, p. 431, *Schilpp*, p. 921). L'argument par la révisabilité n'a donc pas pour Carnap la portée que croit pouvoir lui accorder Quine. Du reste Quine n'était pas très loin, même s'il s'en défend, d'une telle position lorsqu'il considérait qu'avec les logiques déviantes, la logique intuitionniste par exemple, on « changeait de sujet » : de la même manière que chaque géométrie donne une signification différente au même graphisme, « droite » par exemple, les logiques non-standards donnent des significations différentes aux mêmes graphismes, « ou », « non », par exemple (cf. *Philosophie de la logique*, p. 121).

Conclusion

Qu'est-ce qui autorise à tenir pour vrais certains énoncés, ceux que l'on trouve en logique et en mathématiques ? Pour Carnap, la réponse se trouve dans les règles (conventionnelles) qui gouvernent les transformations autorisées dans un langage donné, ou dans les règles sémantiques qui déterminent les énoncés qui sont « vrais » relativement à toutes les descriptions d'état (pour un langage donné). Il n'y a aucun sens à demander, dans l'absolu, ce qui doit compter comme « analytique » ou pas, même s'il est vraisemblable que si l'on parvenait à expliciter complètement les règles en question pour nos langages ordinaires, on pourrait retrouver la même caractérisation. Mais cela dépendrait toujours du langage considéré. Il en résulte que nous pouvons toujours choisir de changer de langage pour des raisons de commodité, comme la physique a changé de géométrie avec les innovations d'Einstein. Cela suppose que l'on puisse prendre le point de vue de Sirius sur ces langages.

Pour Quine, nous ne pouvons prendre un tel point de vue sur les langages. Nous n'avons qu'un langage (indo-européen !). Nous sommes embarqués sur le « bateau de Neurath », loin de tout port, et de l'intérieur de ce bateau nous n'avons pas la possibilité de distinguer clairement ce qui ne dépend que du langage et ce qui dépend des données de l'expérience. Notre bateau navigue correctement avec en son cœur notre logique du premier ordre et nos mathématiques mais il pourrait menacer de faire naufrage et il nous faudrait alors, peut-être, nous résigner à le rafistoler « avec les moyens du bord » en modifiant ce cœur logique et mathématique. Si nous sommes justifiés à tenir pour « vrais » les énoncés logiques et même mathématiques, c'est simplement que notre bateau avance vaille que vaille et que l'on peut, pour l'instant, se contenter de ne toucher qu'à des pièces périphériques lorsqu'il rencontre un écueil.

C'est cette opposition qui semble être au cœur du différend entre nos auteurs.

François Schmitz
Centre Atlantique de Philosophie (CAPHI, EA 7463) / Université de Nantes

DOSSIER

R. Carnap

CARNAP *AUFKLÄRER*

Christian Bonnet

Par sa défense de l'esprit critique et de la tolérance, son refus de l'individualisme, sa conviction que la connaissance rationnelle peut contribuer à l'amélioration de la vie privée et sociale des individus et œuvrer au développement des possibilités de chacun, Carnap s'inscrit dans la tradition des Lumières. Loin de se préoccuper exclusivement de problèmes logiques ou épistémologiques, il tient la question philosophique des valeurs pour la plus importante de toutes et reconnaît la part essentielle de l'affectivité dans la vie humaine, laquelle ne saurait être satisfaite par la seule pensée conceptuelle, comme en témoigne l'expression du « sentiment de la vie » par le poète ou le musicien.

Lorsque, en 1929, Rudolf Carnap, Otto Neurath et Hans Hahn, qui en signent la préface, publient le manifeste intitulé « La Conception scientifique du monde : le Cercle de Vienne »[1], ils inscrivent d'emblée le programme du *Wiener Kreis* « dans l'esprit des Lumières [*Geist der Aufklärung*[2]] et de la recherche antimétaphysique appliquée aux faits », en opposition à « la pensée métaphysique théologique » dont ils observent qu'« elle reprend son essor, non seulement dans la vie, mais aussi dans la science »[3]. Si l'enjeu, pour les auteurs du Manifeste, est certes intellectuel et consiste à défendre l'analyse logique et la rigueur conceptuelle contre les spéculations et les errements de la métaphysique, il ne se limite pas pour autant à cela. Leur combat vise bien au-delà, dans la mesure où – estiment-ils – « l'esprit de la conception scientifique du monde ne cesse de pénétrer davantage les formes de vie privée et publique, l'éducation, l'enseignement, l'architecture, et contribue à organiser la vie économique et

---

1. *Wissenschaftliche Weltauffassung : der Wiener Kreis*, Wien, Artur Wolf, 1929 ; trad. fr. B. Cassin *et al.*, « La Conception scientifique du monde : le Cercle Vienne », dans A. Soulez (dir.), *Manifeste du Cercle de Vienne et autres écrits*, Paris, Vrin, 2010, p. 104-146.

2. « L'esprit des Lumières » invoqué ici est celui des Lumières de langue allemande – l'*Aufklärung* et ses représentants, les *Aufklärer* – distinctes par bien des traits des Lumières françaises.

3. *Ibid.*, p. 3 ; trad. fr. p. 105.

sociale selon des principes rationnels. La conception scientifique du monde sert la vie et la vie la reçoit »[4].

Or ce souci de concilier les exigences de clarté et d'exactitude avec la vie, tant individuelle que sociale, ainsi que la volonté de mettre la raison au service de la transformation de la société et de l'émancipation des individus traversent la pensée et l'œuvre de Carnap, des tout premiers travaux jusqu'aux écrits des années soixante.

Lui-même s'était du reste exprimé, en des termes analogues à ceux du *Manifeste* et en son nom propre, l'année précédente, dans la préface de *La Construction logique du monde* où il confessait « ressentir une intime parenté entre l'attitude sous-jacente à [son] travail philosophique et cette attitude spirituelle qui travaille actuellement des aspects de la vie tout à fait différents » et qui est perceptible « dans des courants artistiques, en architecture notamment, et dans les mouvements qui s'attachent à donner à la vie humaine une forme rationnelle : à la vie personnelle et collective, à l'éducation, en somme à ce qui règle la vie extérieure. C'est partout que nous remarquons ici cette même attitude fondamentale, un même style de penser et d'agir. Cet esprit introduit la clarté dans tous les domaines, tout en reconnaissant la complexité de la vie qui n'est jamais totalement pénétrable ; il mène à la fois au soin dans la configuration du détail et à la saisie des grandes lignes de l'ensemble ; il concilie la solidarité entre les hommes et le libre épanouissement de l'individu »[5]. Autrement dit, le projet de Carnap – loin de se limiter à la seule entreprise de reconstruction logique de l'ensemble de la science que se propose le programme de « constitution » de l'*Aufbau* – est ici également culturel et artistique, social, politique et éthique.

Thomas Mormann[6] s'est attaché à montrer que la question des valeurs jouait chez Carnap, à l'époque de *La Construction logique du monde*, un rôle généralement méconnu et que, contrairement à l'interprétation habituelle, Carnap ne s'y proposait pas uniquement une reconstruction rationnelle des objets des différentes sciences, mais bel et bien également une authentique « constitution des valeurs »[7]. Ce traitement de la question des valeurs, à l'époque de l'*Aufbau*, doit pour une large part, selon Mormann, être mise au compte de l'influence exercée sur Carnap, lors de ses années d'études à Iéna, par le néokantisme et la philosophie des valeurs de l'École badoise, à travers l'enseignement de Heinrich Rickert et de Bruno Bauch, son directeur de thèse[8].

---

4. *Wissenschaftliche Weltauffassung, op. cit.*, p. 30 (trad. fr. p. 123) : « Die wissenschaftliche Weltauffassung dient dem Leben, und das Leben nimmt sie auf ».

5. R. Carnap, *Der logische Aufbau der Welt* [1928], Hambourg, Felix Meiner, 1961, p. xx ; trad. fr. Th. Rivain, *La Construction logique du monde*, Paris, Vrin, 2002, p. 55.

6. Th. Mormann, « Werte bei Carnap », *Zeitschrift für philosophische Forschung*, 62 (2), 2006, p. 169-189. De Th. Mormann, *cf.* également, « Carnap's Aufbau in the Weimar Context » *in* Ch. Damböck (ed.), *Influences on the Aufbau*, New York, Springer, 2015, p. 115-136.

7. Ce que semble par exemple suggérer le § 42 de l'*Aufbau* : « La théorie de la constitution dépasse la conception usuelle de ce qui est et de ce qui vaut ; elle ne considère pas en effet cette opposition comme une opposition tracée une bonne fois pour toutes, mais au contraire comme un rapport qui se reproduit sans cesse et fait passer d'un niveau à l'autre. » (*op. cit.*, p. 56 ; trad. fr. p. 111).

8. Sur le rôle du néokantisme, et de l'École badoise en particulier, dans la formation et la pensée de Carnap, voir ici même l'article de P. Wagner, « Carnap, l'espace et le néokantisme », p. 9-24.

Bien que les travaux ultérieurs abandonnent ce projet de « constitution des valeurs », la question des valeurs demeurera pour Carnap une question essentielle. Quoique ne considérant plus désormais les valeurs comme relevant du domaine de la connaissance, il ne cessera de penser que « les énoncés de valeur ainsi que les problèmes et les discussions sur ces énoncés comptent très certainement parmi les problèmes et les sujets de discussion les plus importants entre les hommes, et pas seulement entre philosophes »[9]. Et pour convaincu qu'il soit de la faible influence des positions théoriques sur le comportement moral et les décisions, il tient à tout le moins pour réfutée par sa propre expérience l'idée que la reconnaissance du caractère non-cognitif des jugements moraux conduirait à un quelconque désintérêt pour les questions morales et politiques[10].

La sensibilité de Carnap à ces questions est ancienne. Issu d'une famille religieuse, il rapporte dans son autobiographie avoir été profondément influencé par sa mère aux yeux de laquelle « l'essentiel de la religion ne consistait pas tant dans la confession d'une croyance que dans le fait de mener une vie bonne. Les convictions des autres étaient pour elle moralement neutres, dès lors qu'ils recherchaient sérieusement la vérité »[11]. Aussi – bien qu'il se soit très tôt détourné des croyances religieuses – cela ne l'a-t-il, poursuit-il, « jamais conduit à une attitude nihiliste à l'égard des questions morales » et n'a en rien modifié sa conception des valeurs morales. Car « la tâche essentielle de chacun [lui] semble être de développer sa personnalité et de créer des relations fécondes et saines avec les autres hommes. Ce but implique de coopérer au développement de la société et finalement de l'ensemble de l'humanité en une communauté dans laquelle chacun ait la possibilité de mener une vie qui le satisfasse et d'avoir part aux biens culturels »[12].

La pensée de Carnap et ses engagements ultérieurs doivent sans doute également une part de leur spécificité – ainsi que plusieurs travaux l'ont récemment souligné[13] – à la *Jugendbewegung*, le Mouvement de la jeunesse allemande qui prend son essor à la veille de la Première Guerre mondiale et auquel il a pris une part active dans ses jeunes années. Ce Mouvement de la jeunesse se caractérise par la recherche de l'authenticité, d'une proximité avec la nature ainsi que le rejet de la morale et des conventions bourgeoises traditionnelles. Ces revendications ne vont pas sans ambiguïtés, ni sans

■ 9. R. Carnap, « Interview de Carnap par W. Hochkeppel » [1964], *in* R. Carnap, *Mein Weg in die Philosophie*, Stuttgart, Reclam, 1993, p. 147.
■ 10. R. Carnap, « Intellectual Autobiography », *in* P.-A. Schilpp (ed.), *The Philosophy of Rudolf Carnap*, La Salle (Ill.), Open Court, 1963, p. 82.
■ 11. *Ibid.*, p. 3.
■ 12. *Ibid.*, p. 9.
■ 13. G. Gabriel, « Introduction : Carnap Brought Home », *in* S. Awoday, C. Klein (eds.), *Carnap Brought Home. The View from Vienna*, Chicago-LaSalle, Open Court, 2004, p. 3-23; A. W. Carus, *Carnap and Twentieth-Century Thought*, Cambridge, Cambridge University Press, 2007 (*cf.* en particulier p. 50-56); J. Bouveresse, « Rudolf Carnap et l'héritage de l'*Aufklärung* », *Essais VI, Les Lumières des positivistes*, Marseille, Agone, 2011, p. 55-133 et « Carnap and the Legacy of *Aufklärung* » *in* P. Wagner (ed.), *Carnap's Idealism of Explication and Naturalism*, Palgrave, Macmillan, 2012, p. 47-62. Carnap lui-même ne mentionne à aucun moment sa participation à ce mouvement dans la partie de son autobiographie publiée en 1963. Sur cette omission, *cf.* A. T. Tuboly, « Carnap's *Weltanschauung* and the *Jugendbewegung* : The Story of an Omitted Chapter », *in* F. Stadler (ed.), *Integrated History and Philosophy of Science, Vienna Circle Institute Yearbook*, Dordrecht, Springer, 2017, p. 129-144.

contradictions, celles-là mêmes qui traversent la société allemande de cette époque et la conduiront à sa perte. Thomas Mann évoquera dans le *Docteur Faustus* le « retour à la rusticité primitive, à notre mère la Terre »[14] de ces jeunes intellectuels pour lesquels « il y avait une chose qui s'appelait le sentiment de la vie [*Lebensgefühl*] et équivalait à la conscience de soi »[15] ainsi que les discussions animées auxquelles donnent lieu leurs randonnées et leurs rencontres dans la campagne allemande. Certains d'entre eux jugent que « le sentiment de la jeunesse est un privilège et un avantage du peuple allemand, que les autres le connaissent à peine, car ils ignorent pour ainsi dire la jeunesse en tant que sentiment de soi, ils s'étonnent du comportement plein de personnalité de la jeunesse allemande [...] et même de son costume antibourgeois », alors qu'elle « représente, précisément parce que jeune, l'esprit national [*Volkgeist*], l'esprit allemand, jeune et plein d'avenir »[16]. D'autres plaident, en revanche, pour un « idéal de l'organisation économique et sociale [qui] dérive d'une pensée autonome dans l'esprit des Lumières [*einem aufklärerisch-autonomen Denken*], bref d'un rationalisme point encore atteint par les forces supra- ou infrarationelles [*über- und untervernünftige Gewalten*] »[17].

Étudiant de 1910 à 1914 à Iéna, où il suit à cette époque les cours de Frege, Carnap rejoint le *Sera-Kreis* – ou Cercle Sera – fondé dans cette même ville par l'éditeur Eugen Diederichs, personnage excentrique qui forge l'expression « néoromantisme » pour caractériser le renouveau des forces spirituelles qu'il appelle de ses vœux et auquel il entend contribuer. George L. Mosse, résumant les idées que Diederichs exposera dans son livre *Politik des Geistes*[18], note que, pour ce dernier, « le matérialisme industriel était contré par une nouvelle vie spirituelle. Le mécanisme et le positivisme se heurtaient à des aspirations véritablement créatives qui allaient reconstituer le caractère national allemand. Un nouveau type de pensée avait été stimulé par l'intimité avec la terre, et la sympathie pour l'occulte s'était renforcée »[19].

Dans un passage non publié de son autobiographie, Carnap évoque lui-même les réunions du *Sera-Kreis* où « sous l'influence des coutumes scandinaves, il y avait des chants, des danses et des jeux. Diederichs lisait le *Cantique du Soleil* de saint François d'Assise ; après le coucher du soleil un grand feu était allumé, encerclé d'une longue chaîne de garçons et de filles qui chantaient et sautaient deux par deux au-dessus des flammes, tandis que le feu achevait de se consumer. Puis, quand les cris de nos hôtes avaient cessé, notre cercle demeurait autour des cendres rougeoyantes, écoutant une chanson ou parlant doucement, jusqu'à ce que nous tombions de sommeil dans la nuit calme et

14. Th. Mann, *Doktor Faustus*, Frankfurt-am-Main, Fischer, 1967, p. 155 ; trad. fr. L. Servicen, Paris, Albin Michel, 1950, chap. xiv, p. 147.
15. *Ibid.*, trad. fr. p. 148.
16. *Ibid.*, p. 158 ; trad. fr. (modifiée), p. 150.
17. *Ibid.*, p. 162 ; trad. fr. (modifiée), p. 154.
18. E. Diederichs, *Politik des Geistes*, Jena, Diederichs, 1920.
19. G. L. Mosse, *Les racines intellectuelles du Troisième Reich. La crise de l'idéologie allemande*, trad. fr. C. Darmon, Paris, Calmann-Lévy-Mémorial de la Shoah, 2006, p. 114.

sous le ciel étoilé »[20]. Carnap participera également les 11 et 12 octobre 1913 à la fête de la jeunesse qui a lieu sur le *Hohe Meissner*[21].

Au-delà de ce folklore, bien des traits du Mouvement de la jeunesse allemande – tels que la nostalgie du passé, la célébration de fêtes païennes, le rejet de la science et de la technique, un certain mysticisme ainsi que l'élitisme et la critique de la démocratie qui s'y donnent libre cours – semblent à l'exact opposé des valeurs et des engagements du Carnap de la maturité et des convictions qu'il partagera avec les autres membres du Cercle de Vienne. Toutefois, si Carnap n'a bien sûr jamais adhéré à ce rejet de la science et de la modernité, outre qu'il conservera de ses années de jeunesse un mode de vie simple, voire austère – sans alcool, ni café[22] – il aura été sensible à l'esprit de camaraderie, à des liens plus authentiques que les relations sociales conventionnelles et à l'idée d'un but commun, toutes choses qui ressemblent par bien des traits à ce qu'il retrouvera quelques années plus tard au sein du Cercle de Vienne. Lui-même confessera que « [...] l'esprit dans lequel [il a] vécu dans ce mouvement, qui était comme une religion sans dogmes, est resté un précieux héritage pour quiconque avait eu la chance d'y prendre une part active. Ce qui en restait était plus que le simple souvenir d'un moment agréable ; c'était bien plutôt une force vive indestructible exerçant son influence pour toujours dans les problèmes pratiques de la vie »[23].

On peut sans doute dès lors trouver une forme de continuité entre l'esprit du Mouvement de la jeunesse et le Carnap du *Wiener Kreis*, surtout si l'on considère le fait que Carnap, parallèlement à sa participation au *Sera-Kreis* de Diederichs, a également été membre de la *Freistudentenschaft* de Iéna infiniment plus rationnelle et progressiste. La préface de *La Construction logique du monde* ne souligne-t-elle pas au demeurant, ainsi que le remarque Jacques Bouveresse, que « les idées défendues en philosophie par le mouvement [...] auquel il appartient sont précisément les seules qui correspondent réellement aux aspirations de la jeunesse et incarnent l'espoir d'un avenir meilleur, contre les forces conservatrices et orientées vers le passé qui s'expriment au même moment en Allemagne, notamment dans les tendances dominantes de la philosophie »[24] ? Autrement dit, la voix que souhaite faire entendre le Carnap du Cercle de Vienne contre la métaphysique allemande la plus traditionnelle se veut aussi celle de modernité et de la jeunesse et prolonge en ce sens, dans une certaine mesure, ses engagements au sein du Mouvement de la jeunesse. Il faut enfin noter que si certains membres de ces mouvements adhéreront avec enthousiasme à l'idéologie *völkisch* et au nationalisme le plus réactionnaire, puis, pour certains d'entre eux, au nazisme, la *Jugendbewegung* ne conduisit

■ 20. Carnap 1957 [UCLA] Box 2, CM3, folder MA-5, p. B 30. Texte cité par A. T. Tuboly, « Carnap's *Weltanschauung* and the *Jugendbewegung* : The Story of an Omitted Chapter », *op. cit.*, p. 135.

■ 21. Le *Hohe Meissner* est une montagne de la Hesse où plusieurs milliers de membres des différents groupes de la *Jugendbewegung* se réunirent les 11 et 12 octobre 1913, afin de célébrer la fête de la jeunesse allemande libre (*Freideutscher Jugendtag*).

■ 22. Cf. sur ce point le témoignage de Quine : « Homage to Rudolf Carnap » in R. C. Buck, R. S. Cohen (eds.), *In Memory of Rudolf Carnap*, Dordrecht, D. Reidel Publishing, 1971, p. xxiv.

■ 23. Carnap 1957 [UCLA] Box 2, CM3, folder MA-5, p. B 34-35. Texte cité par A. T. Tuboly, « Carnap's *Weltanschauung* and the *Jugendbewegung* : The Story of an Omitted Chapter », *op. cit.*, p. 135.

■ 24. J. Bouveresse, « Rudolf Carnap et l'héritage de l'*Aufklärung* », *Essais VI, Les Lumières des positivistes*, Marseille, Agone, 2011, p. 75-76.

pas fatalement de ce côté tous ceux qui y avaient pris part. D'autres, dont Carnap, vont au contraire se tourner vers le socialisme.

Cet engagement politique est toutefois plus tardif. Dans son autobiographie, Carnap confesse en effet n'avoir d'abord eu « comme la plupart de ses amis aucun intérêt pour les questions politiques et avoir été ignorant en la matière »[25]. La Guerre de 1914, à laquelle il accepte de participer, en dépit de son aversion pour la chose militaire, et en « croyant qu'il est de son devoir de sauver la patrie », est pour lui « une catastrophe incompréhensible ». Elle « détruit brutalement ses illusions »[26] et lui fait abandonner l'apolitisme de la période du *Sera-Kreis*. La prise de conscience politique a lieu en 1917 à Berlin, où il a été envoyé après avoir servi sur le front les années précédentes.

Carnap adhère en 1918 à l'USPD (*Unabhängige Sozialdemokratische Partei Deutschlands*), branche dissidente et minoritaire du parti social-démocrate, opposée à la guerre et il sera même arrêté quelques jours avant la fin du conflit. Il participe à la même époque à la publication des *Politische Rundbriefe*, pour lesquels il écrit des articles sur le projet de Société des nations ainsi que sur la responsabilité des intellectuels dans la guerre et leur rôle dans la reconstruction de la société.

> La question du langage a, à ses yeux, des implications morales et politiques

Carnap demeurera toute sa vie convaincu que les problèmes de la société contemporaine ne peuvent pas être abandonnés au « libre jeu des forces », mais nécessitent une « planification rationnelle [*rational planning*] ». Ce qui signifie, en économie, une certaine forme de socialisme, et pour la conduite des affaires du monde le développement progressif d'un « gouvernement du monde [*world government*] » ; étant entendu que ni l'un ni l'autre ne sont des fins en soi, car ils ne sont que les moyens qui correspondent à l'état actuel de notre savoir et sont les plus à même de contribuer au but poursuivi, c'est-à-dire « une forme de vie dans laquelle la priorité est donnée au bien-être et au développement de l'individu et non au pouvoir de l'État »[27].

L'attention portée par Carnap aux projets de « société des nations » ainsi que son cosmopolitisme utopique correspondent à un idéal de coopération et de compréhension entre les hommes que l'on retrouve dans son intérêt, jamais démenti, pour les langues internationales dont l'espéranto, découvert à l'âge de quatorze ans. Carnap participe à plusieurs congrès espérantistes[28] et s'intéresse en particulier à l'*Ido* – version de l'espéranto développée par Louis Couturat – dont « la régularité et la logique de la formation des mots »[29] le séduisent. Ce goût pour l'espéranto lui vaudra, au cours d'une discussion sur cette question avec Schlick et Wittgenstein, une très vive réaction de ce dernier pour qui « une langue qui ne s'était pas "développée organiquement"

■ 25. R. Carnap, « Intellectual Autobiography », *op. cit.*, p. 9.
■ 26. *Ibid.*
■ 27. *Ibid.*, p. 83.
■ 28. Dont à l'automne 1924 le congrès international d'espéranto de Vienne à l'occasion duquel Carnap a des échanges avec Neurath.
■ 29. R. Carnap, « Intellectual Autobiography », *op. cit.*, p. 70.

était non seulement inutile, mais méprisable »[30]. Carnap voit, pour sa part, dans ces langues internationales « d'un côté l'idéal humanitaire [*humanitarian ideal*] d'amélioration de la compréhension entre les nations, et de l'autre le plaisir d'utiliser un langage combinant une étonnante flexibilité dans ses moyens d'expression à une grande simplicité de structure »[31]. La question du langage, qui l'a de tout temps, nous dit-il, fasciné[32] n'est pas pour lui une question purement logique ou théorique. Elle a aussi, à ses yeux, des implications morales et politiques. En outre, si la construction de langages logiques et celle de langues internationales sont assurément des questions totalement différentes et ont des fins distinctes, il n'en demeure pas moins que les deux entreprises ont, selon lui, « une certaine affinité psychologique »[33]. Et on peut sans doute estimer avec A. W. Carus que les différents projets de construction de langages, auxquels Carnap s'est consacré, ont leur origine dans un idéal utopique déjà ancien chez lui, car il « pense que ceux qui ont suffisamment de chance pour pouvoir consacrer leur vie à la pensée et à la réflexion ont la responsabilité d'inventer des cadres conceptuels pour l'ensemble de la connaissance, afin d'en maximiser l'utilité pour l'espèce humaine – non pour un usage particulier, mais pour tous les usages que les hommes font de la connaissance, et spécialement ceux conformes au projet des Lumières : libérer les hommes de la tradition irréfléchie et du conformisme »[34].

Aux yeux de Carnap, comme de la plupart des autres membres du Cercle de Vienne, la « conception scientifique du monde » et la critique de la métaphysique vont clairement de pair avec une critique des institutions existantes et un projet d'émancipation politique et sociale. Le Manifeste du cercle de Vienne, rédigé à l'initiative de Carnap, est parfaitement explicite, lorsqu'il invite à forger « les outils intellectuels de l'empirisme moderne nécessaires pour donner forme à la vie publique et privée »[35], ce qui implique un combat résolu contre l'obscurantisme et le conservatisme social : « Les tendances métaphysiques et théologisantes qui de plus en plus s'imposent maintenant dans bien des associations et sectes, dans les livres et les revues, dans les conférences et les cours universitaires, semblent s'alimenter aux violentes luttes sociales et économiques d'aujourd'hui : un groupe de combattants accrochés au passé dans le domaine social cultive des attitudes métaphysiques et théologiques caduques au contenu depuis longtemps dépassé ; tandis que l'autre groupe tourné vers les temps nouveaux, repousse, particulièrement en Europe centrale, ces attitudes et reste rivé au sol de l'expérience »[36].

Forts de ces convictions, nombre des membres du Cercle de Vienne sont des militants. Si Carnap est de ceux, à la différence de Neurath, qui entendent « maintenir une séparation entre [leur] travail philosophique et [leurs] buts

■ 30. *Ibid.*, p. 26.
■ 31. *Ibid.*, p. 69.
■ 32. *Ibid.*, p. 67.
■ 33. *Ibid.*, p. 67 et 71.
■ 34. A. W. Carus, « Carnap's intellectual development » *in* M. Friedman, R. Creath (eds.), *The Cambridge Companion to Carnap*, Cambridge, Cambridge University Press, 2007, p. 38.
■ 35. *Wissenschaftliche Weltauffassung : der Wiener Kreis, op. cit.*, p. 14 ; trad. fr., p. 114.
■ 36. *Ibid.*, p. 20 ; trad. fr. p. 123.

politiques »[37], il appartient toutefois, selon une expression de Neurath, à « l'aile gauche » du Cercle de Vienne[38]. Il prend part au mouvement de culture et d'éducation populaire très actif à Vienne dans cette période[39] et donne régulièrement des conférences dans le cadre de l'Association Ernst-Mach – le *Verein Ernst Mach* – qui se donne pour but de favoriser la diffusion des connaissances scientifiques. En 1929, le journal viennois conservateur catholique *Reichspost* s'indignera d'une conférence de Carnap sur le thème « De Dieu et de l'âme. Pseudo-questions de métaphysique et de théologie »[40].

Pour Carnap, comme pour la plupart des membres du cercle de Vienne, la « Conception scientifique du monde » prolonge bel et bien l'esprit des Lumières, si l'on entend par là l'idée que le savoir et l'exercice de la raison sont en mesure d'améliorer la vie des hommes et de les libérer des préjugés et de la superstition. Carnap partage avec les autres membres du *Wiener Kreis* trois idées qui constituent ce qu'il qualifiera, dans son autobiographie, d'« humanisme scientifique »[41] : 1) l'idée que l'homme n'a ni protecteur ni ennemi surnaturel et que tout ce qui peut être fait pour améliorer la vie ne dépend que de lui ; 2) l'idée que l'humanité est capable de réformer les conditions de la vie humaine de telle manière que les souffrances actuelles puissent être évitées et la vie des individus comme de l'humanité être améliorée ; 3) et enfin l'idée que toute action réfléchie suppose une connaissance de la réalité et que la méthode scientifique est le meilleur moyen d'y parvenir, la science étant par conséquent l'un des instruments les plus précieux pour l'amélioration de la vie humaine.

Encore faut-il ne pas se tromper sur ce qui relève de la science et de l'argumentation rationnelle et ce qui n'en relève pas. Ainsi, si certains jugements de valeur « relatifs », énonçant qu'une action est « bonne » pour atteindre une fin que l'on se propose, peuvent être considérés comme empiriques et ont à ce titre un contenu cognitif, les jugements de valeur « absolus » – « Aime ton prochain » – n'en ont en revanche aucun. Ils ne nous apprennent rien. Mais ils nous disent quelque chose, ils ont une signification sentimentale et jouent un rôle essentiel dans notre vie et dans nos actions, ainsi que pour tout ce qui touche à l'éducation, à la morale et à la politique. Que la confusion des questions de fait et des questions de valeur conduise à des conclusions aberrantes et à des malentendus dommageables, ne signifie nullement, pour Carnap, que les questions – telle que celle du sens de la vie – qui ont traditionnellement été considérées par les philosophes comme les plus importantes de toutes doivent cesser d'intéresser le philosophe. Ce qui explique, entre autres, que Carnap, ainsi que l'observe Jacques Bouveresse, ne se soit « jamais départi d'un certain respect pour la tradition philosophique »[42].

37. R. Carnap, « Intellectual Autobiography », *op. cit.*, p. 23.
38. Selon une distinction faite par Neurath dans une lettre à Carnap du 27 juillet 1932 où il suggère que la distinction a un sens non seulement philosophique (dans le contexte du débat sur les « énoncés protocolaires »), mais également politique.
39. De 1919 à 1934, « Vienne la rouge » est administrée par une municipalité social-démocrate qui mène une politique très active notamment dans le domaine du logement social et de l'instruction populaire.
40. « Von Gott und Seele. Scheinfragen der Metaphysik und Theologie », *cf.* Ch. Limbeck-Lilienau, F. Stadler, *Der Wiener Kreis. Texte und Bilder zum logischen Empirismus*, Wien, LIT Verlag, 2015, p. 168.
41. R. Carnap, « Intellectual Autobiography », *op. cit.*, p. 83.
42. J. Bouveresse, « Rudolf Carnap et l'héritage de l'*Aufklärung* », *op. cit.*, p. 67.

En effet, si la métaphysique est constituée d'énoncés « dénués de sens », cela ne signifie pas pour autant qu'elle ne nous dise rien. Le langage ne se réduit pas à la seule formulation d'énoncés rationnels doués de sens. Il a également une fonction expressive ou émotive : il sert à exprimer notre *Lebensgefühl*, notre « sentiment de la vie ». Il faut simplement « résister à la tentation d'essayer d'exprimer *philosophiquement* ce que le "sentiment de la vie" peut comporter de plus subjectif et de moins transmissible »[43].

Outre que l'éloignement de la religion ne l'a nullement conduit au nihilisme, Carnap fait ici clairement la distinction entre la religion, qui lui inspire une certaine sympathie, et la théologie qui appartient en revanche pour lui à une époque révolue et est totalement étrangère à l'esprit scientifique[44]. Or une distinction analogue lui semble pouvoir être faite à propos de la métaphysique[45]. Cette dernière, en tant qu'elle prétend avoir un contenu cognitif, n'est en réalité qu'une tentative malheureuse et inappropriée pour exprimer le *Lebensgefühl*. Ce faisant, la métaphysique vise néanmoins quelque chose d'essentiel, car elle « surgit du besoin de porter le sentiment de la vie à l'expression, qu'il s'agisse de l'attitude que l'homme adopte dans la vie, de la disposition émotionnelle et volontaire qui est la sienne vis-à-vis du monde environnant et de ses semblables, lorsqu'il affronte les tâches auxquelles il se consacre activement ou qu'il subit les coups du destin »[46]. Mais la métaphysique se trompe sur la manière dont il est possible d'exprimer ce « sentiment de la vie ». Pour Carnap, le moyen adéquat d'y parvenir est l'art et « la musique est peut-être le moyen le plus pur pour exprimer ce sentiment de la vie, parce qu'elle est au plus haut point libre de toute référence objective »[47]. Dire, comme le fait Carnap en 1932, dans « Le dépassement de la métaphysique par l'analyse logique du langage », selon une formule inspirée de Nietzsche – lui-même « le métaphysicien peut-être artistiquement le plus doué » et « le moins coupable » d'avoir confondu la métaphysique et l'art[48] – que les métaphysiciens sont « des musiciens sans talent musical »[49], signifie simplement que les métaphysiciens se méprennent sur leur propre activité. La métaphysique ne décrit rien, mais tente d'exprimer de manière maladroite et inadéquate le « sentiment de la vie », c'est-à-dire des émotions qui sont pour nous de la plus grande importance, mais dont l'art est la seule expression appropriée, comme l'avaient compris « Dilthey et ses disciples »[50], furtivement évoqués pour avoir « tiré au clair la façon dont le sentiment de la vie se donne à travers le style et la manière de l'artiste ».

Ces considérations sur le rôle de l'art, ainsi que la proximité évoquée, tant dans l'*Aufbau* que dans le Manifeste, entre la « Conception scientifique

■ 43. *Ibid.*, p. 127.
■ 44. R. Carnap, « Intellectual Autobiography », *op. cit.*, p. 8.
■ 45. *Ibid.*, p. 9.
■ 46. R. Carnap, « Überwindung der Metaphysik durch logische Analyse der Sprache », *Erkenntnis* 2, 1932, p. 239; trad. fr. B. Cassin *et al.*, « Le dépassement de la métaphysique par l'analyse logique du langage », dans A. Soulez (dir.), *Manifeste du Cercle de Vienne et autres écrits, op. cit*, p. 168.
■ 47. *Ibid.*, p. 240; trad. fr., p. 169.
■ 48. *Ibid.*, p. 241; trad. fr., p. 170.
■ 49. *Ibid.*, p. 240; trad. fr., p. 169.
■ 50. *Ibid.*, p. 239; trad. fr., p. 168. Carnap pense ici à Hermann Nohl, à l'enseignement duquel il avait été particulièrement sensible à Iéna, nous dit-il dans son autobiographie (*op. cit.*, p. 4), « parce qu'il s'intéressait personnellement à la vie et aux idées de ses étudiants [...] et cherchait à faire comprendre en profondeur les philosophes à partir de leur attitude à l'égard de la vie (leur « *Lebensgefühl* ») et de leur milieu culturel ».

du monde » et les nouveaux courants en architecture[51], ne sont pas de pure forme. Dans les années vingt, Carnap est en contact avec un groupe d'artistes d'avant-garde, dont il a fait connaissance par l'intermédiaire de son ami de jeunesse, l'historien de l'art Franz Roh qui avait été comme lui membre du *Sera-Kreis*. Il rencontre László Moholy-Nagy qui enseigne au Bauhaus, sa femme, la photographe Lucia Moholy ainsi que le théoricien et historien de l'architecture Sigfried Giedion[52]. Carnap donne une série de cinq conférences au Bauhaus de Dessau en octobre 1929, dont une sur le thème de « La science et la vie »[53]. Et il tient la philosophie du Cercle de Vienne elle-même pour l'une des manifestations de la *Neue Sachlichkeit*, cette « nouvelle objectivité » revendiquée par le Bauhaus[54].

Cette « nouvelle objectivité » est tout à la fois théorique et pratique. Elle se propose, selon la formule de la préface de l'*Aufbau*, de « donner une forme rationnelle [*eine sinnvolle Gestaltung*] à la vie humaine »[55]. En récusant le romantisme et l'invocation de l'intuition ou du sentiment, ce constructivisme rompt par là même avec la conception individualiste traditionnelle qui voudrait que la recherche philosophique ne consiste qu'à philosopher par soi-même. Et cette conception anti-individualiste du travail philosophique semble avoir été l'un des traits marquants de « l'agréable atmosphère » régnant au sein du Cercle de Vienne à laquelle Carnap rend hommage dans son autobiographie : « Caractéristique du Cercle était l'attitude ouverte et non dogmatique. Chacun était toujours prêt à réviser ses conceptions ou à les soumettre au jugement des autres. L'esprit général était le travail en commun plutôt que la compétition. Le but commun était de travailler ensemble à lutter pour la clarté et le discernement »[56].

Toutefois, si Carnap ne cesse de s'inscrire en faux contre l'irrationalisme et le néoromantisme de la *Lebensphilosophie* dominante sur la scène philosophique allemande de son temps, il n'en oublie jamais pour autant la part essentielle de l'affectivité dans la vie humaine, bien au-delà de la seule expression du *Lebensgefühl* par le poète ou le musicien. Car « si la signification de la science pour la vie est souvent sous-estimée dans des courants modernes », il ne s'agit « pas de tomber pour autant dans l'erreur opposée. Nous-mêmes qui travaillons dans le domaine scientifique, nous devons bien plutôt reconnaître clairement que pour maîtriser la vie, il faut déployer toutes sortes de forces et nous garder de la croyance à courte vue que ce que la vie exige pourrait être satisfait en s'appuyant seulement sur la

■ 51. R. Carnap, *Der Logische Aufbau der Welt, op. cit.*, p. xx; trad. fr., p. 55 et *Wissenschaftliche Weltauffassung : der Wiener Kreis, op. cit,* p. 30; trad. fr., p. 123. *Cf.* ici même *supra,* p. 59-60.

■ 52. C. Limbeck-Lilienau, F. Stadler, *Der Wiener Kreis, op. cit.,* p. 289 et p. 291. Sur le Cercle de Vienne et le Bauhaus, *cf.* P. Galison, « Aufbau/Bauhaus : Logical positivism and Architectural Modernism », *Critical Inquiry,* 16 (4), 1990, p. 709-752. La traduction de ce texte est proposée dans ce numéro, p. 96-127.

■ 53. R. Carnap, « *Wissenschaft und Leben* », *Lectures in Europe* (Items 43-54), 1922-1933 Box 110b, Folder 7d Rudolf Carnap Papers, 1905-1970, ASP. 1974.01, Special Collections Department, University of Pittsburgh.

■ 54. Sentiment qu'il partage avec Neurath, selon le témoignage d'Herbert Feigl : « The Wiener Kreis in America », *in* D. Fleming, B. Baylin (eds.), *The Intellectual Migration : Europe and America 1930-1960,* Cambridge (Mass.), Harvard University Press, 1969, p. 637.

■ 55. R. Carnap, *Der logische Aufbau der Welt, op. cit.,* p. xx; trad.; p. 55.

■ 56. R. Carnap, « Intellectual Autobiography », *op. cit.,* p. 21.

pensée conceptuelle »[57]. Le travail philosophique ou scientifique n'ignore pas lui non plus le rôle de l'intuition pour découvrir de nouvelles solutions qui « seront toujours déterminées de manière instinctive [*triebmäßig*] et auront recours à des moyens intuitifs », étant entendu que « la justification doit se dérouler devant le forum de l'entendement »[58]. Quant aux « besoins de l'esprit [*Bedürfnisse des Gemütes*] » exaltés par les philosophies de la vie, « nous les connaissons aussi en philosophie, mais ils visent à la clarté des concepts, la netteté des méthodes, à des thèses dont on peut répondre, à l'efficience, fruit d'un travail collectif au sein duquel l'individu a sa place »[59].

Loin de l'idée reçue qui voudrait qu'il eût été un logicien exclusivement préoccupé de questions techniques – logiques ou épistémologiques – à mille lieues des problèmes philosophiques plus traditionnels, des valeurs et de la vie, Carnap est non seulement convaincu que même les recherches les plus théoriques et les plus abstraites peuvent d'une manière ou d'une autre contribuer au progrès de l'humanité, mais il a toujours considéré les questions morales comme les plus importantes de toutes[60]. D'où précisément sa méfiance à l'égard de la confusion des genres et du recours intempestif à la théorie dans les questions d'ordre pratique.

Par sa défense de l'esprit critique et de la tolérance, son refus de l'individualisme, sa conviction que la connaissance rationnelle peut contribuer à l'amélioration de la vie privée et sociale des individus et œuvrer au développement des possibilités de chacun, Carnap s'inscrit assurément dans la tradition des Lumières. Autrement dit, si la fin que l'*Aufklärung* a en vue est bien, selon une formule de Kant, de permettre à chacun d'entre nous de « faire un usage public de sa raison dans tous les domaines »[61], le projet philosophique de Rudolf Carnap est sans aucun doute celui d'un *Aufklärer*.

Christian Bonnet
Université Paris 1 Panthéon-Sorbonne

■ 57. R. Carnap, *Der logische Aufbau der Welt, op. cit.*, § 183, p. 260 ; trad. fr. p. 299-300.
■ 58. *Ibid.*, p. XIX-XX ; trad. fr. p. 55.
■ 59. *Ibid.*
■ 60. On notera que le dernier chapitre de son autobiographie est précisément consacré aux valeurs et aux décisions pratiques : *cf.* « Intellectual Autobiography », *op. cit.*, p. 81-84.
■ 61. « […] von seiner Vernunft in allen Stücken öffentlichen Gebrauch zu machen » (Kant, *Was ist Aufklärung ?*, Ak. VIII, 36).

DOSSIER

R. Carnap

RUDOLF CARNAP ET OTTO NEURATH
De la prise de contact, la collaboration et l'amitié (1923-1939) aux divergences et aux litiges (1940-1945)

Hans-Joachim Dahms

La publication des *Carnets* de Carnap et de sa correspondance avec Neurath nous donne de nouveaux aperçus sur l'histoire de la collaboration et de l'amitié entre les deux hommes, qui fut mise à rude épreuve au cours des cinq dernières années. L'article aborde surtout les points qui n'ont reçu jusqu'à présent aucune attention, ou du moins peu d'attention : d'une part, la question de savoir quand et comment ils sont entrés en contact et, d'autre part, comment leurs relations ont évolué après leur dernière rencontre, au cinquième *Congrès international pour l'unité de la science*, qui s'est tenu à Harvard en septembre 1939, immédiatement après le déclenchement de la seconde guerre mondiale.

En historiographie, les progrès sont souvent dus au fait que de nouvelles sources deviennent accessibles (par exemple, lorsqu'une interdiction de communication est levée, ou que les legs deviennent consultables, etc.). Cela est encore plus vrai quand il s'agit d'événements et d'acteurs particulièrement importants et que les nouvelles sources sont particulièrement vastes et intéressantes. On peut donc s'attendre à ce que notre connaissance de l'empirisme logique et de la philosophie analytique soit renouvelée, puisque deux grands projets de publication, concernant deux des protagonistes du Cercle de Vienne, Otto Neurath et Rudolf Carnap, sont en cours d'achèvement[1].

1. Je remercie le futur éditeur de l'ensemble de la correspondance Neurath/Carnap et des carnets de Carnap, Christian Damböck (Vienne), pour ses commentaires et la permission de consulter ses nombreux travaux préparatoires, ainsi que Adam Tuboly (Budapest), pour ses remarques et corrections, et Michel Bourdeau (Paris) pour la traduction en français.

Il s'agit d'une part de la publication de la correspondance, exceptionnellement abondante, échangée par Carnap et Neurath de 1923 à 1945, que Rainer Hegselmann et Henk Mulder avaient commencé, de façon prometteuse, au début des années 1980, puis abandonnée pendant des décennies et récemment reprise[2]. D'autre part, la publication des carnets de Carnap, qui vont de 1908 à sa mort en 1970, est imminente. Les entrées qui y concernent Neurath s'étendent sur deux décennies, de 1924 à 1945. Abstraction faite de la relation entre les deux hommes, ces carnets sont une source unique non seulement pour la vision du monde scientifique du Cercle de Vienne, l'empirisme logique, la philosophie analytique en particulier et la philosophie en général, mais aussi pour l'histoire, notamment culturelle, du XXe siècle.

Les pages qui suivent se proposent d'évaluer l'apport de ces deux types de sources – correspondance et carnets – pour l'histoire de la collaboration et de l'amitié de Neurath et Carnap, qui fut mise à rude épreuve au cours des cinq dernières années. Ce faisant, j'aborderai surtout les points qui, dans la littérature secondaire, n'ont reçu jusqu'à présent aucune attention, ou du moins peu d'attention : d'une part, la question de savoir quand et comment ils sont entrés en contact et, d'autre part, comment leurs relations ont évolué après leur dernière rencontre, au cinquième *Congrès international pour l'unité de la science*, qui s'est tenu à Harvard du 3 au 9 septembre 1939[3], immédiatement après le déclenchement de la seconde guerre mondiale.

De la prise de contact, en 1924, au programme du Cercle de Vienne en 1929

Normalement, Carnap[4] et Neurath[5] n'auraient jamais dû se rencontrer :
– ils appartenaient à des générations différentes (Neurath est né en 1882, Carnap en 1891),
– ils étaient de nationalités différentes (Neurath était Autrichien, Carnap Allemand),
– ils avaient des origines familiales tout à fait différentes. Le père de Neurath était professeur d'économie à Vienne, celui de Carnap, industriel dans le textile à Ronsdorf, un futur quartier de Wuppertal,
– ils n'avaient pas suivi les mêmes études : Neurath, l'économie et l'histoire à Vienne, puis les sciences politiques et la philosophie à Berlin ; Carnap, la

2. H. Mulder [1968], *Wissenschaftliche Weltauffassung – der Wiener Kreis*, in F. Stadler, T. Uebel, (eds.), *Wissenschaftliche Weltauffassung. Der Wiener Kreis*, Wien-New York, Springer Verlag, 2012, p. 253-258 et R. Hegelsmann, *Die Korrespondenz zwischen Otto Neurath und Rudolf Carnap aus den Jahren 1934 bis 1945 – ein vorläufiger Bericht*, in H.-J. Dahms (ed.), *Philosophie, Wissenschaft, Aufklärung. Beiträge zur Geschichte und Wirkung des Wiener Kreises*, Berlin-New York, Springer, 1985, p. 276-290. Pour la publication de la dernière partie (1940-1945), voir J. Cat, A. Tuboly, Appendix 2, The 1940-1945 Neurath-Carnap correspondence, in J. Cat, A. Tuboly (eds.), *Neurath reconsidered. New Sources and Perspectives*, Cham, Springer, 2019, p. 512-685 ; les citations des lettres sont suivies des initiales du correspondant et de leur date ; pour celles qui datent de la guerre, est également indiquée la pagination dans *ibid*.

3. Voir son programme dans F. Stadler (ed.), *Phänomenologie und Logischer Empirismus. Zentenarium Felix Kaufmann (1895-1949)*, Wien-New York, Springer, 1997, p. 429-433.

4. Pour la biographie de Carnap, voir son « Intellectual Autobiography », in P. A. Schilpp (ed.) (1963), *The Philosophy of Rudolf Carnap*, LaSalle (Ill.), Open Court, p. 3-84, et A. W. Carus, *Carnap and Twentieth-Century Thought. Explication as Enlightenment*, Cambridge (UK), Cambridge University Press, 2007.

5. Pour la biographie de Neurath, voir G. Sandner, *Otto Neurath. Eine politische Biographie*, Wien, Paul Zsolnay Verlag, 2014.

philosophie, les mathématiques et la physique à Iéna, puis à Fribourg et de nouveau à Iéna,

– ils n'avaient pas les mêmes perspectives de carrière universitaire : Neurath avait passé son habilitation à Heidelberg en 1916 mais l'autorisation d'enseigner lui avait été retirée en raison de son implication dans la révolution bavaroise de Munich en 1919, l'habilitation de Carnap était encore à venir quand ils ont fait connaissance.

D'un autre côté, il y avait aussi des amorces de contact possible, comme un engagement politique à gauche et un intérêt pour la philosophie positiviste. Il est clair que, pour Neurath, le côté politique fut son « expérience » à Munich ; pour Carnap il consiste – après des années dans les mouvements de jeunesse (Cercle Sera[6]) et dans la *Freistudentenschaft* libérale de gauche, avant 1914 – dans la fondation, à Iéna au printemps 1919, d'un groupe d'étudiants socialistes, qui organisa aussitôt, à Pâques 1919, une conférence de tous ces groupes en Allemagne. Sur le plan philosophique, Neurath a surtout été influencé par le néo-positiviste Ernst Mach et par les philosophes français des sciences comme Duhem et Poincaré ; Carnap a subi diverses influences telles que le néo-kantisme et la *Lebensphilosophie*, l'enseignement de Gottlob Frege, mais aussi une version allemande d'une séquelle du positivisme, à savoir le monisme de Wilhelm Ostwald et plus tard la philosophie de Bertrand Russell.

Premiers contacts

La première rencontre entre les deux hommes eut lieu lors d'un voyage de Carnap à Vienne en août 1924. Ce voyage avait deux raisons principales : en premier lieu, la discussion d'un éventuel projet d'habilitation avec Moritz Schlick, le fondateur du Cercle de Vienne ; mais Carnap avait également choisi cette date de façon à pouvoir participer au Congrès international d'espéranto, qui avait lieu au même moment à Vienne.

Fait intéressant, la correspondance entre Neurath et Carnap a cependant, commencé un an plus tôt[7]. Sur les conseils de ses amis munichois, Carnap avait envoyé à Neurath sa thèse de Iéna « Der Raum »[8] ainsi que quelques prépublications de ses travaux. Neurath réagit à cet envoi en octobre 1923 (N/C, 19.10.1923). Il avait lu les ouvrages avec beaucoup d'intérêt ; il avait simplement des réserves sur le « retour à Kant » et préférait pour sa part les conventionnalistes français. L'un des « amis munichois », l'historien de l'art Franz Roh, est également nommé dans la lettre. Roh était un ami proche de Carnap, qui l'avait connu dans les mouvements de jeunesse. Plus tard, il était parti de Iéna pour Munich, faire son doctorat sur la peinture de paysage hollandaise avec Heinrich Wölfflin. C'était Roh qui avait même sauvé la vie de Neurath, dans la tourmente de mai 1919 : après la chute de la seconde

■ 6. NdT : sur le cercle Sera et les mouvements de jeunesse, voir, dans le même numéro, l'article de Ch. Bonnet.

■ 7. Comme Rainer Hegselmann l'indiquait dans son « rapport préliminaire » sur la correspondance (1985), il n'avait pu consulter que la correspondance échangée depuis mars 1934, alors qu'entre 1923 et février 1934, au moins 142 autres lettres avaient déjà été échangées. La collection est même incomplète, puisque nous n'avons par exemple aucune lettre entre novembre 1923 et 1927.

■ 8. R. Carnap, *Der Raum : Ein Beitrag zur Wissenschaftslehre*, Berlin, Reuther u. Reichard (*Kant-Studien*, *Ergänzungshefte* 56), 1922.

République bavaroise, il avait caché Neurath dans son appartement[9]. C'est là que Neurath fut arrêté parce que, à un article de journal dans lequel était faussement rapportée la fuite du « magicien de la socialisation complète » Neurath, il avait répondu par une lettre de lecteur, où il indiquait clairement qu'il était toujours sur le terrain, toujours en fonction, et même « encore en train de travailler à la socialisation de la Bavière […] pour laquelle j'utilise toutes mes forces »[10]. Après son arrestation, sa destitution immédiate, sa mise en accusation et sa condamnation à une peine d'un an et demi de prison dans le cadre d'un procès pour haute trahison, il avait été ouvertement remis en liberté quelques semaines avant son expulsion vers l'Autriche, accompagnée d'une interdiction d'entrer en Allemagne pour les cinq prochaines années. Pendant ces semaines, Neurath et Roh avaient également discuté de sujets philosophiques, en particulier de la *Lebensphilosophie* de Wilhelm Dilthey, que Carnap et Roh avaient reprise de Herman Nohl, élève de Dilthey et inspirateur du Cercle Sera[11]. Il est fort possible qu'une partie de l'aversion de Neurath pour les courants des sciences sociales au sein de la philosophie allemande, ainsi que pour le néo-kantisme et la phénoménologie, remonte à ces discussions[12].

De quoi Neurath et Carnap ont-ils discuté lors de leur première rencontre à Vienne le 8 août 1924 ? Selon ses carnets, Carnap partageait ses journées entre les événements du Congrès d'espéranto et les rencontres avec Neurath. Dans les discussions avec lui il ne s'est d'abord agi pas tant de philosophie que d'une approche mutuelle, d'un tour d'horizon général et de questions sur la compréhension de l'histoire et de la politique socialiste. L'entrée dit :

> À midi chez Neurath. Dans l'après-midi, conférence en espéranto sur le contrôle des naissances, avec projection. Ensuite, la compagnie de radio ; je souscris une action de 100 francs pour la station émettrice en espéranto. Le soir, sorti dîner avec Neurath ; parlé de la grande ville, de l'histoire du point de vue économique, du rôle de Napoléon, du roman de Molo[13] sur la guerre de libération. Puis chez Neurath ; Levy, le physicien, est aussi là ; sur la solidarité avec le prolétariat, la vision prolétarienne du monde, l'usage des armes. Discuté jusqu'à minuit ; s'est très bien passé (TB 08.08.1924)[14].

Le 12 août, Carnap visita le Musée de l'habitat de Neurath, l'ancêtre du Musée économique et social. Le lendemain soir a lieu une « discussion très intéressante sur l'interprétation marxiste de l'histoire », qui prolonge les

---

■ 9. G. Sandner, *Otto Neurath. Eine politische Biographie, op. cit.*, p. 132.

■ 10. H.-J. Dahms, M. Neumann, « Sozialwissenschaftler und Philosophen in der Münchener Räterepublik », in *Jahrbuch für Soziologiegeschichte 1992* (Hrsg. Carsten Klingemann u.a.), 1994, p. 130.

■ 11. Le protocole de ces discussions se trouve dans la partie non classée du fonds (partiel) Franz Roh, au Musée National Allemand de Nuremberg.

■ 12. L'amitié entre Neurath et Roh reçut une nouvelle impulsion quand celui-ci devint un actif champion de l'art moderne, avec son livre *Nach-Expressionismus* (1925).

■ 13. NdT : Walter von Molo (1880-1958) est un écrivain de langue allemande qui connut un énorme succès pendant la première guerre mondiale et dans les années qui suivirent. Entre 1918 et 1921, il avait publié une trilogie : *Un peuple se réveille.*

■ 14. On peut supposer que par « histoire du point de vue économique » il faut entendre la conception matérialiste de l'histoire, et par « rôle de Napoléon », la question de savoir quelle place accorder aux grands hommes, comme Napoléon, dans cette conception qui repose sur la dialectique des classes sociales.

toutes premières discussions, et au cours de laquelle fut également évoqué l'*Anti-Spengler* de Neurath[15].

Moritz Schlick, le superviseur pressenti de son habilitation, n'avait pas encore pu rencontrer Carnap lors de son voyage à Vienne, car il était semble-t-il en vacances dans la vallée de l'Ötztal au Tyrol. Carnap s'y rendit sur les conseils de Hans Reichenbach, qui y séjournait également. Au cours d'une longue promenade, Carnap parla un peu de problèmes physiques avec Schlick et Reichenbach. Le lendemain Schlick et Carnap discutèrent de façon concrète le projet d'habilitation. Peu de temps après, Carnap décida de choisir Vienne (avec Schlick) plutôt que Kiel (avec Heinrich Scholz).

Après avoir travaillé sans relâche sur son « système constitutionnel » (comme s'appelait alors le futur *Aufbau der Welt*), il ne revint à Vienne qu'en janvier 1925. À ce moment, il a aussi suivi les cours de Schlick. Il eut également l'occasion de donner, dans le cercle de Schlick (en présence notamment de Neurath et de sa femme, de Hans Hahn, de Karl Menger et de Herbert Feigl), des conférences sur la topologie de l'espace et du temps (TB, 15.1. 1925). C'était la première fois que Neurath participait à des discussions avec Carnap portant sur des sujets proprement philosophiques. Carnap profita de son séjour à Vienne pour se présenter aux deux autres professeurs de philosophie qui avaient été nommés en 1922 en même temps que Schlick, Karl Bühler et Robert Reininger[16].

Après que Carnap eut déménagé à Vienne et achevé sa procédure d'habilitation, la philosophie devint de plus en plus le centre des discussions avec Neurath, surtout après la publication de la thèse d'habilitation de Carnap, *Der Logische Aufbau der Welt*[17]. Immédiatement après sa publication, Neurath a consacré à l'ouvrage un compte rendu enthousiaste dans *Der Kampf*, l'organe théorique des socialistes autrichiens. Après l'avoir lu, il constatait avec satisfaction « qu'il existe des centres de pensée antimétaphysique actifs, dont, dans l'intérêt général des Lumières, nous pouvons souhaiter que l'activité soit puissante, et ait des effets sur l'éducation populaire ! ». Il ajoutait une attente : « De là, des amis philosophes viendront à nous, qui nous fourniront des outils pour continuer à construire ! »[18]. Carnap avait reçu au préalable le brouillon du texte (voir sa réponse : C/N, 07.10.1928). À cette époque, Neurath commençait ses lettres à Carnap par « cher ami et camarade *in spe* » (par ex. en : N/C, sans date, (fin septembre 1928)).

Le Manifeste

Le mouvement de rapprochement entre Neurath et Carnap, qui était appelé à durer longtemps et s'exprimait déjà dans le tutoiement amical (C/N, 26.07.1929), rare à l'époque en allemand, culmina l'été 1929 avec l'écriture

■ 15. O. Neurath, *Anti-Spengler*, München, Georg D. W. Callwey, 1921.
■ 16. H.-J. Dahms, « Die Berufungen von Schlick, Bühler und Reininger », *in* J. Friedrich (ed.), *Karl Bühlers Krise der Psychologie. Positionen, Bezüge und Kontroversen im Wien der 1920/30er Jahre*, Cham., Springer, 2017, p. 3-32.
■ 17. R. Carnap, *Der logische Aufbau der Welt* [1928], Berlin-Schlachtensee, Weltkreis Verlag ; rééd. Hamburg, Felix Meiner, 1998 ; trad. fr. *La construction logique du monde*, Paris, Vrin, 2002.
■ 18. O. Neurath, « Rezension von : Rudolf Carnap : Der logische Aufbau der Welt », in *Der Kampf* 21, 1928, p. 624-626, rééd. *In* O. Neurath, *Gesammelte philosophische und methodologische Schriften*, R. Haller, H. Rutte, Wien, Hölder-Pichler-Tempsky, 1981, p. 297.

conjointe du célèbre Manifeste du Cercle de Vienne. On a longtemps cru que ce texte retentissant, *Wissenschaftliche Weltaufassung. Der Wiener Kreis*, qui annonçait sans détour une ère toute nouvelle, non seulement pour la science et la philosophie, mais aussi pour la culture et le mode de vie tout entier, avait été plus ou moins entièrement écrit par Neurath, et que les contributions des autres signataires, comme Carnap et le mathématicien Hans Hahn, s'étaient limitées à des corrections marginales. Cette façon de voir a été corrigée sur plusieurs points par l'éditeur d'une nouvelle édition multilingue, Thomas Uebel.

Auparavant, Neurath avait déjà émis l'idée que le Cercle Schlick se fasse connaître du public par une proclamation. Mais l'idée d'honorer avec un ouvrage collectif le fondateur du Cercle de Vienne, Moritz Schlick, alors aux États-Unis où il avait été invité à donner des conférences, pour sa décision de rester à l'Université de Vienne et de ne pas répondre à une proposition de l'Université de Bonn, – cette idée venait de Carnap[19]. Une première ébauche a été ensuite composée par Neurath et commentée par d'autres membres. En revanche, le projet final a été rédigé par Carnap (Rudolf Carnap à Hans Hahn, Philipp Frank, Otto Neurath, 26 juillet 1929), qui, comme il l'écrit à Neurath en post-scriptum, se « réservait l'amer devoir et le doux droit de la dernière formulation ».

> **Indépendance intellectuelle et indépendance matérielle se renforcent mutuellement**

Dans la littérature, on retrouve toujours l'idée que le titre *Wissenschaftliche Weltaufassung* (vision scientifique du monde) vient des auteurs de l'ouvrage et a été inventé dans le but d'éviter les connotations relativistes du terme *Weltanschauung*[20], comme il apparaît par exemple de façon caractéristique dans le texte programmatique *Psychologie der Weltanschauungen* (psychologie des conceptions du monde) de Karl Jaspers. Le désir de se distinguer du concept de *Weltanschauung* est certainement exact. L'hypothèse de l'invention du terme technique inhabituel *Weltauffassung* est quant à elle fausse. Avant la Première Guerre mondiale, le chimiste et philosophe des sciences Wilhelm Ostwald avait déjà souvent parlé de « vision du monde scientifique » et « énergétique ». Par contre, la deuxième partie du titre : *Le Cercle de Vienne* provient manifestement de Neurath et avait pour but de créer des associations avec l'atmosphère viennoise et des choses agréables comme la valse viennoise, les cafés et les tavernes à vin.

De Carnap vient également l'idée d'ajouter en annexe au texte une bibliographie des membres du Cercle et d'auteurs « proches du Cercle », ainsi qu'une histoire de sa laborieuse genèse (C/N, 30.07.1929). Cela donnait à l'ensemble de l'entreprise une tournure plus académique et permettait aux lecteurs, une fois l'ouvrage achevé, d'étudier plus en profondeur la vision scientifique du monde. De plus, l'ouvrage indiquait trois grands précurseurs

■ 19. T. Uebel, « Zur Entstehungsgeschichte und frühen Rezeption von *Wissenschaftliche Weltauffassung. Der Wiener Kreis* », in F. Stadler, T. Uebel (eds.), *Wissenschaftliche Weltaufassung, op. cit.*, p. 270.
■ 20. *Ibid.*, p. 288.

du Cercle : Albert Einstein, Bertrand Russell et Ludwig Wittgenstein, Leur nom visait d'une part à mettre leur prestige dans la balance et d'autre part à indiquer dans quelle direction on s'engageait. Neurath était probablement moins enthousiaste à l'égard de Russell et de Wittgenstein : dans un essai dans « Kampf », intitulé « Bertrand Russell, le socialiste », il commence certes par le louer pour sa « pensée anticapitaliste » et sa « clarté pleine de finesse »[21] ; il le célèbre aussi pour son attitude pacifique sans failles pendant la Première Guerre mondiale et l'appelle presque un « héros ». Puis, cependant, il en vient à le soupçonner d'esprit « petit bourgeois »[22] – entre autres à cause de son attitude critique envers le marxisme (et sans doute aussi à cause de la position qu'il avait prise à l'égard de l'Union soviétique, non mentionnée dans cet article). Il semble d'ailleurs que les trois figures de proue de la « vision scientifique du monde » n'aient pas été invitées à donner leur accord et – à l'exception de Russell, qui a participé au 1er Congrès de la science unifiée 1935 à Paris (voir ci-dessous) – qu'elles se soient par la suite tenues à l'écart du mouvement de l'empirisme logique.

La répartition des différents chapitres du manifeste entre les auteurs n'a pas encore été déterminée[23]. Au vu du contenu, on peut probablement supposer que l'introduction historique générale, qui devait décrire la genèse de la « vision du monde » du Cercle, vient de Neurath. L'idée que le point commun aux membres du Cercle ne consiste pas dans telle ou telle thèse, mais dans la méthode de « l'analyse logique », était probablement partagée par tous les auteurs impliqués dans la rédaction. Enfin, l'aperçu des résultats déjà existants des travaux du Cercle ainsi que des projets ultérieurs a certainement été rédigé par Carnap et Neurath. Les considérations finales sur la situation sociale, politique et culturelle dans laquelle s'inscrivait le travail du Cercle reflètent à nouveau les idées des deux principaux auteurs. Avec l'accord de Carnap, Neurath a réussi, au moment des épreuves, à glisser le mot « socialiste » ; quand il est dit que « dans de nombreux pays, les masses […] en lien avec leur attitude socialiste, aspirent à une vision terrestre, empirique »[24].

Compte tenu de la manière dont le manifeste a été rédigé, il n'est pas étonnant que ni Moritz Schlick, à qui il était offert, ni Ludwig Wittgenstein, qui était mentionné sans qu'on le lui ait demandé, aient été très peu enthousiastes. Le premier parce que le pamphlet lui semblait trop à gauche et peut-être aussi parce qu'il y voyait une tentative de changer en son absence l'orientation du Cercle ; le second parce que toute cette entreprise lui semblait trop grandiloquente. Ceci est d'autant plus vrai, bien sûr, que l'ouvrage fut présenté à grand bruit à Prague en septembre 1929 à l'occasion de la conférence annuelle des « naturalistes et médecins allemands », lors d'une réunion annexe organisée par le Cercle de Vienne et la Société de philosophie scientifique de Berlin, sous le titre « Première conférence sur la théorie de

■ 21. O. Neurath [1929], « Bertrand Russell, der Sozialist », in Der Kampf 22, 1929, p. 234-238, rééd. O. Neurath, Gesammelte philosophische und methodologische Schriften, op. cit., p. 337.
■ 22. Ibid., p. 340.
■ 23. T. Uebel, « Zur Entstehungsgeschichte und frühen Rezeption von Wissenschaftliche Weltauffassung. Der Wiener Kreis », op. cit., p. 281.
■ 24. F. Stadler, T. Uebel (eds.), Wissenschaftliche Weltauffassung, op. cit., p. 39.

la connaissance des sciences exactes »[25]. À cette fin, trois cents exemplaires du livre avaient été apportés à Prague.

Unité de la science, physicalisme et Nouvelle Encyclopédie

Dans le *Manifeste du Cercle de Vienne*, Neurath et Carnap avaient laissé ouverte la question du fondement cognitif de ce qui devait s'appeler plus tard leur empirisme logique, lorsqu'ils écrivaient qu'il fallait exiger, de chaque proposition qui prétendait à la scientificité, qu'elle puisse être rattachée en dernière instance à une proposition sur le « donné »[26]. Mais, comme déjà dans le *Tractatus* de Wittgenstein, restait à savoir ce qu'était ce donné, par exemple quelque chose de psychique comme les sensations, ou quelque chose de physique comme des particules élémentaires. Cette indétermination a été levée au début des années 1930, quand Carnap et Neurath embrassèrent une position dite « physicaliste ». Comment ce revirement s'est-il produit et qu'entend-on par « physicalisme »?

Le physicalisme

Comme l'écrit Carnap dans son *Autobiographie Intellectuelle*[27], c'est Neurath qui l'a convaincu de ce qu'il appelle une attitude – mais non, remarquez bien, une croyance (« belief »). Mais qu'en est-il alors de Neurath lui-même? Il faut savoir gré à Juha Manninen d'avoir fait la lumière sur cette situation compliquée. Il a en effet découvert une version préliminaire de la « Sociologie empirique » de Neurath, intitulée « La teneur scientifique de l'économie et de l'histoire nationale »[28]. À l'époque, elle ne fut pas publiée, car Philipp Frank et Moritz Schlick, en tant que rédacteurs en chef des *Schriften zur wisssenschaftlichen Weltauffassung*, l'avaient refusée. On y parle partout d'une « sociologie sur une base matérialiste », là où Neurath écrira et parlera plus tard d'une base physicaliste. De ce nouveau matérialisme (plus tard donc le physicalisme), caractéristique de la conception scientifique du monde, Neurath écrit :

> La vision scientifique du monde est en quelque sorte le couronnement provisoire du matérialisme athée et antispiritualiste des siècles précédents[29].

Il devait se distinguer du matérialisme de Marx et Engels et des autres matérialistes du XIXᵉ siècle en ce qu'il laissait à la physique le soin de répondre à la question de la nature de la matière. De la physique, Neurath a simplement adopté, pour son matérialisme rebaptisé physicalisme, la demande de déterminabilité spatio-temporelle. Sur cette base, une réforme de toutes

■ 25. Sur le programme de cette rencontre et sur son importance, voir F. Stadler, *Studien zum Wiener Kreis*, Frankfurt-am-Main, Suhrkamp, 1997, p. 376-379.

■ 26. F. Stadler, T. Uebel (eds.), *Wissenschaftliche Weltauffassung, op. cit.*, p. 29.

■ 27. R. Carnap, « Intellectual Autobiography », *op. cit.*, p. 51.

■ 28. O. Neurath, *Der wissenschaftliche Gehalt der Geschichte und Nationalökonomie*, J. Manninen (ed.), 1930, en ligne (https ://www.academia.edu/4202264/Juha_Manninen_ed._Otto_Neurath_Der_wissenschaftliche_Gehalt_der_Geschichte_und_National%C3%B6konomie) et J. Manninen, « Wie entstand der Physikalismus ? », 2014, en ligne : https ://www.academia.edu/4326192/Wie_entstand_der_Physikalismus.

■ 29. O. Neurath, « Der wissenschaftliche Gehalt der Geschichte und Nationalökonomie », *op. cit.*, p. 6.

les autres sciences (en particulier la biologie, la psychologie et la sociologie) devait être menée à bien.

Des protocoles du Cercle de Vienne, il ressort que Neurath et Carnap ont soumis leur nouvelle doctrine à la discussion au début de 1931 : Carnap, tout en reconnaissant qu'elle était due à Neurath, était toujours disponible pour l'expliquer (voir les protocoles du Cercle de Vienne du printemps 1931[30]). Maintenant, que faut-il entendre précisément par physicalisme ? Il s'agit d'un ensemble de thèses qui sont étroitement liées, mais qui ne découlent pas toutes logiquement les unes des autres, ce qui permet notamment de les discuter indépendamment les unes des autres. On peut ainsi distinguer les thèses suivantes :

1) une thèse de philosophie des sciences sur la relation des sciences empiriques entre elles. Elle affirme que toutes les autres sciences empiriques peuvent en fin de compte être réduites à la physique en ce sens que toute proposition empirique doit pouvoir être traduite dans le langage physicaliste[31]. En ce sens, il est également admis que le langage physicaliste est universel. En l'occurrence, « langage physicaliste », dans beaucoup de cas, signifie un langage qui ne se réfère qu'aux objets dans l'espace et dans le temps (et pour Neurath, cela devait déjà s'appliquer essentiellement au langage-des-choses de la vie quotidienne), et à d'autres endroits, au langage physique au sens strict. Dans leurs déclarations programmatiques, Carnap et Neurath parfois ne disent pas clairement duquel des deux sens il s'agit. Il est possible aussi que parfois cela soit fait délibérément, pour exploiter le prestige de la science empirique la plus avancée, la physique, pour un programme qui est en fait une version ultramoderne d'un matérialisme du sens commun.

Le physicalisme, entendu comme un programme de réduction conduisant à une science unifiée, a un certain nombre d'applications, qui concernent, par exemple, la relation de la physique à la biologie, la psychologie et la sociologie, et qui doivent conduire à débarrasser ces disciplines des idées métaphysiques traditionnelles. En biologie, il s'agit, entre autres, de l'attaque frontale dirigée contre le néovitalisme d'Ernst Driesch[32], qui rejetait une réduction mécanique des processus de vie à la physique et postulait une « entéléchie » des organismes, ce qui demandait un type particulier de causalité. Cependant, Neurath et Carnap n'ont guère développé leur argumentation contre le néovitalisme[33]. Concrètement, le physicalisme n'existe qu'aux étages supérieurs du programme de réduction, à savoir : en psychologie, où le but était d'éviter une introspection incontrôlable et où l'on postulait à la place un « behaviorisme logique »; et en sociologie. Là, Neurath préconisait un « behaviorisme social » qui s'opposait polémiquement, entre autres, à la « sociologie compréhensive » de Max Weber.

■ 30. F. Stadler, *Studien zum Wiener Kreis, op. cit.*
■ 31. R. Carnap, « Die physikalische Sprache als Universalsprache der Wissenschaft », in *Erkenntnis* 2 (5/6), 1932, p. 453, et R. Carnap, « Psychologie in physikalischer Sprache », in *Erkenntnis* 3 (2/3), 1932, p. 107.
■ 32. R. Carnap, « Die physikalische Sprache als Universalsprache der Wissenschaft », *op. cit.*, p. 449.
■ 33. Sur ce point, voir G. Wolters, « "Wrongful Life" Reloaded. Logical Empiricism's Philosophy of Biology 1934/36 (Prague, Paris, Copenhagen). With Historical and Political Intermezzos », *in* M. Bourdeau, G. Heinzmann, P. Wagner (éd.) *Sur la philosophie scientifique et l'unité de la science. Le congrès de Paris 1935 et son héritage,* Paris, Kimé, 2018, p. 233-256, en particulier p. 246-250.

2) Ensuite, le physicisme contient une thèse en théorie de la connaissance : Elle affirme que de cette façon la perception humaine peut aussi être physicalisée. Carnap l'énonce de la manière suivante : « les phrases du langage protocolaire [...] peuvent elles aussi être traduites dans le langage physicaliste »[34].

Ceci se lit d'abord comme une thèse relevant du behaviorisme psychologique. Mais sa signification pour la philosophie est beaucoup plus importante : si elle était vraie, elle rendrait superflue la théorie traditionnelle de la connaissance.

3) De plus, le physicalisme existe encore comme une thèse philosophique sur le langage, selon laquelle chaque langue (artificielle ou naturelle, y compris la langue logique) est quelque chose de purement physique. Il ne s'agit que d'ondes sonores ou de tracés à d'encre, qui sont transformés en d'autres structures physiques selon certaines règles qui peuvent aussi être physiquement localisées[35].

4) Enfin, le physicalisme culmine en une thèse sur la nature de la philosophie, que je pourrais appeler *métalogique* ou *métaphilosophique*. Elle pose que toute philosophie est logique de la science et appartient donc à la syntaxe logique du langage[36].

Après que Carnap et Neurath eurent présenté et discuté leur physicalisme devant le Cercle de Vienne, puis l'aient exposé dans des articles fondamentaux publiés dans *Erkenntnis*, ils se répartirent le travail[37] afin d'exposer plus précisément leur programme. Carnap se vit attribuer la psychologie, dont il s'était auparavant tenu à l'écart. Pour cela, il s'entretint à nouveau avec Karl Bühler, qui se montra fondamentalement critique à l'égard du behaviorisme « physicaliste ». Il a également travaillé dans un groupe de travail du Musée de Neurath, où on essayait d'interpréter la psychanalyse freudienne en termes matérialistes. Neurath s'occupa du domaine des sciences sociales.

Malgré les réserves de Bühler, Carnap défendait une théorie psychologique qui fut plus tard appelée « behaviorisme logique ». Cette doctrine présente de grandes similitudes avec le behaviorisme traditionnel de Watson et de Pavlov, mais est beaucoup plus « libérale »[38]. Comme base de réduction pour les processus psychologiques et mentaux, elle admet en effet non seulement des mouvements corporels visibles de l'extérieur, mais aussi des processus au sein du système nerveux. Cela le rend moins critiquable, mais en même temps, elle devient très dépendante de l'état actuel de la recherche neurophysiologique, qui à l'époque n'était pas particulièrement bien développée. En outre, elle admet non seulement les mouvements corporels réels, mais aussi les dispositions à leur égard.

Pour sa version d'une sociologie physicalistiquement réformée, Otto Neurath a forgé le terme « behaviorisme social »[39]. Cependant, contrairement au behaviorisme logique, ses écrits ne nous apprennent pas grand-chose

■ 34. G. Wolters, « "Wrongful Life" Reloaded », *op. cit.*, p. 453.

■ 35. R. Carnap, *Psychologie in physikalischer Sprache*, *op. cit.*, p. 122.

■ 36. R. Carnap, *Die Aufgabe der Wissenschaftslogik* (Einheitswissenschaft, Heft 3), Wien, Verlag Gerold & Co, 1934.

■ 37. R. Carnap, « Intellectual Autobiography », *op. cit.*, p. 52.

■ 38. Sur ce qui le distingue du behaviorisme originel de Watson, voir par exemple R. Carnap, « Psychologie in physikalischer Sprache », *op. cit.*, p. 124.

■ 39. O. Neurath, « Sozialbehaviorismus », *in* O. Neurath, *Gesammelte philosophische und methodologische Schriften, op. cit.*, p. 563-570.

sur ce qu'il faut entendre au juste par là. Dans son essai programmatique « Behaviorisme social », il commence par écrire, critiquant le mentalisme *en psychologie* :

> Le physicaliste ne parle de « pulsions », de « volonté », etc. que s'il peut remplacer ces termes par des termes spatio-temporels ou s'il espère être capable de le faire bientôt[40].

Pour la *sociologie*, il poursuit :

> En ce sens, on forme des phrases comme : « Les gens se stimulent les uns les autres », « ils se regroupent dans des sociétés qui, dans certaines circonstances, se comportent d'une certaine manière » : behaviorisme social. [Le physicaliste] exclut d'emblée comme « dénuées de sens » les questions dites « philosophiques ». Il ne connaît que des propositions physicalistes.

En faveur de cette partie du programme physicaliste qui, selon sa propre concession à la fin de l'article, attend toujours un « traitement systématique »[41], Neurath donne une raison de fond, positive, et une raison méthodologique, négative. Tout d'abord, il souligne à maintes reprises la continuité existant entre comportement animal et comportement humain. Il est tout à fait inutile de vouloir développer la sociologie humaine indépendamment d'une théorie du comportement social animal. Deuxièmement, selon Neurath, en sociologie comme en psychologie, il y a aussi une raison méthodologique négative qui nous oblige à adopter un point de vue physicaliste. Dans le cas de la psychologie, ce qui, pour l'empirisme logique, apparaît échapper par principe à tout contrôle c'est l'introspection dans son propre psychisme ; en sociologie, c'est l'empathie (*Einfuhlung*), par exemple avec les intentions des autres personnes. Chez Neurath, cette critique s'adresse principalement au programme de « sociologie compréhensive » de Max Weber. Ce dernier avait défini la sociologie comme « une science qui interprète l'action sociale et veut ainsi expliquer son cours et ses effets de manière causale » ; dans ce contexte, il entendait par action « le comportement humain (agir externe ou interne, omission ou acceptation tacite), [...] si, et dans la mesure où, le ou les agents y associent un sens subjectif »[42]. À quoi Neurath, dans sa « sociologie empirique », réagit d'un ton presque moqueur :

> Avec Weber, se projeter par empathie (*Einfuhlung*) prend sans cesse la place de la science. Pour cette activité poétique, il n'y a pas de contrôle.... Sympathiser, comprendre, etc. peut stimuler le chercheur, mais cela ne fait pas plus partie de l'ensemble des énoncés scientifiques qu'une bonne tasse de café, qui a stimulé le chercheur dans son travail[43].

■ 40. *Ibid.*, p. 565.
■ 41. *Ibid.*, p. 569, n. 3.
■ 42. M. Weber, *Économie et société* (1921), cité dans O. Neurath, *Empirische Soziologie : Der wissenschaftliche Gehalt der Geschichte und der Nationalökonomie*, *op. cit.*, reproduit dans O. Neurath, *Gesammelte philosophische und methodologische Schriften*, *op. cit.*, p. 423-517.
■ 43. *Ibid.*, p. 463.

Ces remarques sont trompeuses. Les passages de Weber cités par Neurath dans « Sociologie empirique » contiennent en effet déjà un certain nombre de contre-arguments dirigés contre la réduction physicaliste des actions à un simple comportement, préconisée par Neurath. Y figurent, d'un côté, les cas d'« omission ou d'acceptation tacite » donnés par Weber[44]. Il s'agit en l'occurrence chaque fois d'un non-agir intentionnel, qui se caractérise par l'absence de mouvements corporels externes localisables dans l'espace et le temps. D'un autre côté, il faut se rappeler qu'il peut arriver que des comportements extérieurs identiques ou similaires soient « fondés sur des contextes de sens très différents chez la personne ou les personnes qui agissent ».

Neurath insiste au contraire pour bannir de la sociologie, comme « produits oniriques d'une théologie moribonde », toute mention de but d'action, de volonté, et plus encore de personnalité de l'agent. Pour lui, l'action se réduit à un simple comportement :

L'homme, qui est mis en mouvement par la terre (champ gravitationnel), par un coup ou par un cri, est toujours mis en mouvement par un processus physique comme entité physique. Le physicalisme ne montre rien d'autre![45].

Neurath semble avoir cru qu'il s'agissait là d'un argument particulièrement convaincant contre la sociologie compréhensive. La vérité est que l'argument se retourne contre lui : précisément parce qu'il n'est pas possible dans sa conception de distinguer entre les actions intentionnelles et les simples événements naturels dans lesquels l'homme est impliqué (par exemple, ces « coups du destin », comme quand un météore tombe à l'improviste sur la tête de quelqu'un), sa position sur les fondements de la sociologie est insoutenable[46].

Du programme de la science unifiée au projet d'une encyclopédie

De façon tragique, c'est le développement du fascisme et du national-socialisme en Europe centrale qui a conduit à renforcer l'union de toutes les forces qui – en tant que contre-mouvement philosophique et scientifique rationnel – s'opposaient aux tendances nationalistes et racistes, qui se répandaient aussi de plus en plus en science. Le point de départ géographique de ce contre-courant fut Prague, capitale de la Tchécoslovaquie. En 1929, elle avait déjà connu la proclamation du programme du Cercle de Vienne. S'y est également tenue, en marge du huitième Congrès international de philosophie, une conférence préliminaire préparant le premier « Congrès de la science unifiée » qui eut lieu en 1935 à Paris, et où les empiristes logiques ont dominé des sections entières[47].

On ne saurait surestimer l'importance de cette première rencontre de tous les empiristes d'Europe et des États-Unis, à Paris. C'est là que Neurath

44. Dans *Économie et société* (1921).
45. *Ibid.*, p. 470.
46. Voir également la position critique prise à l'époque par Edgar Zilsel dans « Rezension : Otto Neurath (1931) », in *Der Kampf* 25, 1932, reproduit dans K. Acham, G. Mozetic (eds.), *Edgar Zilsel. Wissenschaft und Weltanschauung. Aufsätze 1929-1933*, Wien, Böhlau, 1992, en particulier p. 148.
47. Voir M. Bourdeau, G. Heinzmann, P. Wagner (éd.), *Sur la philosophie scientifique et l'unité de la science*, *op. cit.*, et particulièrement l'introduction, p. 3-16.

présenta le plan d'une « Encyclopédie internationale de la science unifiée » (IEUS)[48], qui devait faire progresser le programme d'une science unifiée sur une base physicaliste. Le projet de création de l'IEUS a été soumis au vote par Charles Morris (futur co-éditeur avec Carnap) et accepté. Un autre thème central du congrès fut la discussion d'une nouvelle discipline philosophique, la sémantique, qui fut présentée par des participants polonais, en particulier Alfred Tarski et Marja Lutman-Kokoczynska, et qui fit une grande impression sur Carnap et le jeune Karl Popper. Alors que le projet d'encyclopédie devait concentrer les efforts des empiristes logiques au cours des dix années suivantes, les débats sur la sémantique contenaient le germe d'une scission dans le mouvement, comme cela fut particulièrement évident dans les discussions épistolaires entre Neurath et Carnap durant la Deuxième Guerre mondiale, quand Carnap publia ses premiers livres sur le sujet (voir ci-dessous).

J'ai déjà publié plusieurs essais sur l'origine, le développement et l'évaluation du projet d'encyclopédie[49]. Je peux donc me limiter ici à quelques remarques générales. Comme Neurath l'écrivit à son co-éditeur Morris, il avait déjà conçu l'idée au début des années 1920, alors qu'il n'était question ni d'un Cercle de Vienne ni d'une science physicaliste unitaire. C'est également à cette époque qu'est née l'idée, soutenue par Albert Einstein, que ce « dictionnaire des lectures » pourrait avoir au XXe siècle la même importance que la Grande Encyclopédie des Lumières françaises au XVIIIe siècle.

Il n'est pas possible de considérer ici en détail les différents volumes de l'Encyclopédie, à l'exception d'un seul : les « Fondations des sciences sociales » de Neurath, qui conduisit à une rupture profonde entre Carnap et lui (voir ci-dessous). Neurath, en tant qu'éditeur en chef, veillait à ce que le plus grand nombre possible d'auteurs ne s'écartent pas de ce qu'il considérait comme les bornes du physicalisme. Cela entraîna parfois des problèmes dans le choix des titres. Ainsi, il ressort de la correspondance avec John Dewey que Neurath, au titre proposé *Théorie des valeurs*, préférait celui d'*Axiologie empirique*, aux consonances physicalistes. L'une des raisons pour lesquelles une contribution demandée à l'historien de l'art Meyer Schapiro ne s'est finalement pas concrétisée est que Neurath considérait le titre proposé, *Interprétation et jugement en art*, comme dangereux, à cause de termes métaphysiquement suspects comme « interprétation » et « jugement », et qu'il sommait sans cesse Schapiro de préciser comment il inscrivait sa contribution dans le cadre du physicalisme[50]. Par ailleurs, Neurath se montrait très libéral et tolérant lorsqu'il soulignait que l'encyclopédie ne devait pas viser un système rigide de théories axiomatisées qui, un peu à la manière des systèmes d'Auguste Comte ou de Wilhelm Ostwald, reposeraient architectoniquement les uns sur les autres. Il considérait cela comme une utopie irréaliste. Il prônait plutôt l'idée quasi « postmoderne » d'un ensemble de théories et de disciplines systématisées de

■ 48. O. Neurath, « Pseudorationalismus der Falsifikation »[1935], *in* O. Neurath, *Gesammelte philosophische und methodologische Schriften, op. cit.,* p. 668.

■ 49. H.-J. Dahms, « Mission Accomplished ? Unified Science and Logical Empiricism at the 1935 Paris Congress and Afterwards », *Philosophia Scientiæ* 2018/3, et la littérature qui y est mentionnée.

■ 50. H.-J. Dahms, « Logical Empiricism and Art : The Correspondence Otto Neurath/Meyer Schapiro », *in* J. Cat, A. Tuboly (eds.), *Neurath reconsidered. New Sources and Perspectives, op. cit.,* p. 475-477.

manière très différente, en d'autres termes, à mi-chemin entre une « unité » relativement tolérante et une « désunité » modérée.

Entre 1935 et 1940, une grande partie de la correspondance entre Neurath et Carnap fut consacrée à l'encyclopédie. Plus le travail sur l'IEUS durait, plus les projets de Neurath prenaient de l'ampleur. Des volumes prévus, seuls les deux intitulés « Fondations » ont été achevés, en 1970 (au lieu de 1939 comme prévu) ; l'avant-dernier étant de loin celui qui connut le plus de succès : à savoir, la contribution de Thomas Kuhn, *The Structure of Scientific Revolutions*, publiée en 1962.

Les années de guerre : la sémantique de Carnap et les *Fondations des sciences sociales* de Neurath

Le contact entre Neurath et Carnap fut interrompu juste après des événements on ne peut plus dramatiques pour Neurath, le déclenchement de la Seconde Guerre mondiale et l'occupation des Pays-Bas en mai 1940. Après le déclenchement de la guerre, Carnap était inquiet de savoir comment il allait :

> Je n'ai pas entendu parler de toi depuis que tu as quitté les États-Unis, mais j'ai été heureux d'apprendre de Morris et Næss que tu es sain et sauf et apparemment bien. Surtout en novembre, nous nous faisions du souci pour toi. (C/N, 29.11.1939)

Après la fuite dramatique de Neurath de Hollande vers la Grande-Bretagne, la correspondance s'interrompt même un moment.

Il est étonnant de constater à quel point Neurath, malgré tout, exhorte sans cesse à conserver son calme et à continuer à travailler de manière scientifique. En juillet 1943, il prévoit de façon assez précise la fin de la guerre :

> La guerre se déroule très bien, mais il faudra environ deux ans pour se débarrasser de ce fléau en Europe. Et l'avenir ne se présente pas bien. Quel grand poids sera enlevé après la défaite des nazis, mais imagine l'Allemagne, l'Autriche, la Hollande… la plupart de nos amis partis ou tués, ou suicidés…. et l'atmosphère pleine de méfiance, d'envie, de haine, etc. (N/C, 15.07.1943)

Il n'est pas possible d'aborder ici tous ces rebondissements, ces événements tragiques. Je m'en tiendrai aux écrits les plus importants publiés par les deux hommes pendant la guerre, qui ont conduit à une vive controverse : le livre de Carnap sur la sémantique, et "Fondations des sciences sociales", la contribution de Neurath à l'IEUS.

La controverse sur la sémantique

Si l'on veut comprendre la controverse de Neurath et Carnap sur la sémantique, qui marque le début d'un éloignement qui devint de plus en plus dramatique, il faut revenir à l'année 1930. C'est alors que Carnap fait à Vienne la connaissance d'Alfred Tarski, le fondateur de cette superbe discipline, entre philosophie du langage et logique, avant de lui rendre visite à Varsovie la même année [51]. À cette époque, Carnap était encore dépendant d'une compréhension purement syntaxique de la logique et de la théorie de la science. Cela n'a changé que lorsqu'il fut en mesure d'étudier, avant leur publication, les travaux révolutionnaires de Tarski sur le sujet. Cela le conduisit, après une visite de Tarski à Vienne, à l'inviter au premier Congrès pour la science unifiée à Paris en 1935[52]. Lors de cette conférence, il y eut de vives disputes entre, d'une part, les adeptes de la nouvelle sémantique comme Tarski et d'autres, et d'autre part Neurath et Carl-Gustav Hempel, qui voulaient s'en tenir au point de vue syntaxique « physicaliste ». On peut suivre ces débats dans le compte rendu du congrès, rédigé par Neurath[53] (Neurath 1935b/1981). Wioletta Miskiewicz (2018) et Jan Wolenski (2018) ont récemment donné un bon aperçu des discussions entre la délégation polonaise à Paris et ses critiques. Wolenski a résumé la différence entre les positions des deux camps dans une série de thèses :

1. Neurath :
– L'utilisation du concept de vérité doit respecter la logique de la science.
– Nous comparons des énoncés avec des énoncés, et non des énoncés avec quelque chose d'autre.
– Concevoir la vérité comme basée sur la comparaison d'énoncés est dangereux pour l'empirisme et introduit la métaphysique. […]
2. Carnap-Tarski-Kokoszynska :
– La définition sémantique de la vérité est admissible et même correcte […]
– La vérité ne peut pas être remplacée par des concepts syntaxiques.
– Les concepts sémantiques sont utiles dans la logique de la science.
– Il faut distinguer vérité et confirmation.

Des débats animés d'alors, on a surtout retenu le bon mot de Louis Rougier, qui affirmait que ce que l'on attend d'un serveur dans un restaurant, une fois qu'on a passé la commande, c'est un plat et pas seulement une référence à de quelconques annonces linguistiques comme un menu. Cette anecdote montre qu'il ne s'agissait pas seulement du concept de vérité et de son usage en logique ou dans la science empirique, mais de problèmes encore plus vastes portant sur la relation entre le langage et le monde.

Après le Congrès de 1935, la situation a empiré, avec la publication en 1940 de l'ouvrage de Bertrand Russell intitulé *Inquiry into Meaning and Truth*. Car cette grande figure de l'empirisme, qui avait été a l'honneur dans le *Manifeste du Cercle de Vienne* et qui avait aussi participé activement aux débats à Paris en 1935[54], y avait longuement traité d'une doctrine qui – dans l'interprétation qu'en proposaient Neurath et son interprète et partisan d'alors Carl-Gustav Hempel[55] – prenait la forme d'une théorie de la vérité-cohérence. Selon cette doctrine, le concept de vérité devait d'abord complètement disparaître du vocabulaire scientifique. Au bout du compte, tout se ramenait à savoir si les

■ 52. *Ibid.*, p. 61.
■ 53. O. Neurath, « Erster Internationaler Kongreß für Einheit der Wissenschaft in Paris 1935 »[1935], *in* O. Neurath, *Gesammelte philosophische und methodologische Schriften, op. cit.*, p. 666.
■ 54. Une photo de l'époque montre l'homme élancé en conversation avec Carnap et avec le grand et corpulent Neurath (C. Limbeck-Lilienau, F. Stadler, *Der Wiener Kreis : Texte und Bilder zum Logischen Empirismus*, Wien, Lit Verlag, 2015, p. 384).
■ 55. C. G. Hempel, « On the logical positivistes theory of truth », *Analysis* 2, 1935.

énoncés nouvellement introduits étaient compatibles avec les énoncés de base reconnus dans une communauté scientifique. Dans certaines circonstances, ces énoncés de base pouvaient même être révisés.

Russell estimait que pour une encyclopédie comme l'IEUS, qui était alors en cours de publication et qui ne visait qu'à résumer les connaissances existantes, on pouvait se contenter de se référer aux connaissances déjà établies. En revanche, pour le scientifique, dans ses recherches en cours, cette idée était absurde. Ici, il faut confronter les énoncés avec l'expérience sensible immédiate. Enfin, la théorie de la vérité-cohérence défendue par Neurath, et – à encore l'époque[56] – par Hempel, était tout simplement dangereuse : s'il s'agit de n'accepter un énoncé que quand il se trouverait en accord avec d'autres énoncés et si, de plus, ces systèmes d'énoncés différaient les uns des autres selon les milieux culturels, on se retrouverait alors en dehors de l'empirisme :

> Cette doctrine, c'est évident, est un abandon complet de l'empirisme, dont l'essence même veut que seule l'expérience puisse déterminer la vérité ou la fausseté des propositions non-tautologiques[57].

et

> Les théories de certains philosophes modernes, quand elles ne s'attachent qu'aux mots, oublient les modestes buts pratiques des mots de la vie quotidienne et se perdent dans un mysticisme néo-néo-platonicien[58].

Neurath savait par Carnap que celui-ci travaillait depuis quelque temps à des livres sur la sémantique (C/N, 29.11.1939, aussi C/N, 01.11.1940, 527). Dans la période précédant leur publication, il a essayé de l'impliquer dans des discussions détaillées du livre de Russell. Ainsi, en juillet 1942, il lui a envoyé une longue lettre dans laquelle il faisait des commentaires critiques sur plusieurs pages de l'ouvrage de Russell (N/C, 17.07.1942, en particulier 546-549). Carnap n'y répondit que le 15 mars 1943 – également en détail – signalant aussi ses points d'accord et de désaccord avec Russell. Ce n'est pas ici le lieu d'entrer plus en détail dans cette controverse qui, à ma connaissance, n'a pas encore été évaluée dans la littérature philosophique[59].

Le premier livre sémantique de Carnap[60] fut publié entre la critique de Russell par Neurath et la réponse de Carnap à cette critique. Quand il l'eut entre les mains, Neurath s'épancha : « Je suis vraiment déprimé de voir ici toute la métaphysique aristotélicienne dans tout son éclat glamour, ensorcelant mon cher ami Carnap de la tête aux pieds » (N/C, 15.01.1943, 570). Le long débat épistolaire porta avant tout sur la question de la portée

56. Neurath a répondu aux remarques critiques de Russell dans « Universaljargon und Terminologie », *in* O. Neurath, *Gesammelte philosophische und methodologische Schriften, op. cit.*, p. 915-918, passage un peu caché dans un texte qui est surtout une première ébauche de sa future contribution à l'IEUS.
57. B. Russell, *An Inquiry into Meaning and Truth* [1940], Harmondsworth, Penguin Books, 1973, p. 140.
58. *Ibid.*, p. 141.
59. Comme prototype du pseudo-rationaliste égaré par la métaphysique, Neurath a aussi constamment cité son grand adversaire du temps du Cercle de Vienne, Karl Popper (voir « Pseudorationalismus der Falsifikation », *in* O. Neurath, *Gesammelte philosophische und methodologische Schriften, op. cit.*, p. 635-644).
60. R. Carnap, *Introduction to Semantics*, Cambridge (Mass.), Harvard University Press, 1942.

de la sémantique[61]. Neurath voulait tout au plus y attacher une importance subordonnée, pour les calculs logiques et leur interprétation. Carnap insistait sur le fait que, indépendamment de cela, la question de la vérité jouait aussi un rôle important tant dans la science empirique que dans la vie quotidienne, et que la sémantique devait aussi considérer et expliquer cet usage du concept de vérité : « le concept de vérité tel que je le conçois se veut une systématisation du terme « vrai » utilisé par les scientifiques et dans la vie quotidienne » (C/N, 19.01.2019, 574). Bien que Carnap ait déclaré ailleurs dans sa correspondance : « Je ne m'intéresse pas beaucoup à la sémantique comme simple calcul, mais bien plutôt à la sémantique comme analyse du langage de la science » (C/N, 04.02.1944, 608), la référence au rôle du concept de vérité « dans la vie quotidienne » me paraît particulièrement actuelle. Il sert en effet aujourd'hui de contraire aux *fake news*, dans les vives discussions sur ce phénomène toujours croissant en politique et dans le journalisme. Quoi qu'il en soit, Carnap et Neurath ne sont pas parvenus à s'accorder sur ce sujet ; s'ensuivit un éloignement qui alla en grandissant. Quelque temps plus tard, cette divergence devint encore plus prononcée lorsque Neurath remit sa contribution à l'IEUS, en 1944.

Les *Fondations* de Neurath

Dans la composition de l'IEUS, avait manifestement prévalu le principe selon lequel les éditeurs en chef (et quelques autres auteurs tels que Philipp Frank) avaient leur mot à dire sur les sujets pour lesquels ils pouvaient se sentir compétents. C'était bien sûr le cas de Neurath pour la philosophie des sciences sociales, et c'est d'ailleurs ainsi qu'il est mentionné dans la première annonce de l'IEUS. La remise de sa contribution, cependant, a pris un certain temps, principalement pour des raisons dont il n'était pas responsable : lorsque les troupes allemandes occupèrent les Pays-Bas en mai 1940, il avait dû fuir précipitamment en Angleterre dans un bateau de sauvetage et laisser derrière lui une première ébauche de sa contribution. Par la suite, suspect en tant qu'Allemand-Autrichien, il fut interné sur l'île de Man et ne pouvait travailler. Lorsque, une fois libéré, il est finalement revenu à sa contribution, la pression exercée sur lui, en tant qu'éditeur en chef, par les Presses de l'Université de Chicago se fit plus forte : il y avait une menace de suspension de l'encyclopédie toute entière pendant la guerre, et les perspectives de pouvoir recommencer ensuite étaient extrêmement incertaines. Ce n'est que lorsque Neurath eut promis d'apporter de nouvelles contributions avant la fin de la guerre que la maison d'édition poursuivit le projet.

Neurath a finalement remis son texte directement à la maison d'édition en 1943. Cependant, il n'avait pas obtenu l'aval de Carnap ni celui de Morris, comme c'était l'habitude avec toutes les autres contributions (C/N, 04.04.1944).

■ 61. Sur les autres aspects du débat, voir R. Hegelsmann, *Die Korrespondenz zwischen Otto Neurath und Rudolf Carnap aus den Jahren 1934 bis 1945 – ein vorläufiger Bericht, op. cit.*, T. Moormann, « Neurath's Opposition to Tarskian Semantics », *in* J. Wolenski, E. Köhler (eds.), *Alfred Tarski and the Vienna Circle. Austro-Polish Connections in Logical Empiricism*, Dordrecht, Kluwer Academic Publishers, 1999, p. 165-178, et Carus, « Neurath and Carnap on Semantics », *in* J. Cat, A. Tuboly, *Neurath reconsidered. New Sources and Perspectives, op. cit.*, p. 339-362.

Carnap était d'accord avec la soumission directe à la maison d'édition (ibid.), mais non avec le fait de ne pas voir les épreuves. Il n'était pas enthousiasmé par la contribution de Neurath : « Je dois te dire franchement… Dans beaucoup d'endroits j'ai trouvé les formulations peu claires ; elles étaient apparemment formulées à la hâte » (07.10.1944), mais il ne donnait aucun détail sur ses critiques. Il profita de la circonstance pour renoncer expressément à sa qualité d'éditeur de cette contribution et pour faire en sorte que cette situation soit reconnaissable dans le volume lui-même. Outre la raison formelle, de profondes réserves sur le contenu ont évidemment joué un rôle.

Pour Neurath, un monde s'effondrait : « Je me demande, écrit-il, comment un ami peut me blesser à ce point, et sans raison manifeste » (N/C, 18.11.1944). S'ensuivit un échange qui produisit une crise profonde dans la longue collaboration des plus importants représentants de l'empirisme logique, et menaça également leur amitié. Rainer Hegselmann écrit à juste titre qu'il s'agit d'une évolution qui se situe « quelque part entre "discorde" et "crise touchant une grande amitié dans sa substance même" »[62]. Neurath rappelle toutes les humiliations qu'il avait dû constamment subir de la part des membres du Cercle de Vienne[63]. Si l'on regarde cette liste de plaintes, il ne reste en fait que Philipp Frank comme membre du Cercle qui l'ait soutenu tout le temps.

Mais, sur le fond, quelles étaient les critiques de Carnap ? Lorsque Neurath s'enquit des motifs de ce refus, il ne reçut de celui-ci qu'une réponse évasive (C/N, 06.05.1945) : c'est à Morris, en tant que co-éditeur en chef de l'IEUS, qu'il avait communiqué plus en détail ses diverses critiques ; le sujet avait également été débattu dans un échange de lettres entre Morris et Ernest Nagel (un autre contributeur de l'IEUS). À sa lettre, Carnap ne joignait que celle adressée à Morris (C/Morris, 19.06.1944, 635 f.). On peut y lire, entre autres, ce qui suit :

> le pauvre lecteur cherche en vain un fil conducteur. N. utilise beaucoup de termes à lui, plutôt obscurs, sans expliquer ce qu'il entend par là, par exemple « jargon universel », « encyclopédie », « absolutiste », « agrégat »[64], etc. ; il y a aussi des termes tout à fait nouveaux, par exemple « empirisme terminologique », pour lesquels je n'ai même pas pu découvrir ce que l'on entend par là.

Il en arrivait à un jugement négatif : « la monographie fera plus de mal que de bien pour l'Encyclopédie et pour le mouvement de l'empirisme en général ».

La critique dévastatrice de Carnap (et aussi celle d'Ernest Nagel, par exemple) donne une idée de la réception générale de la contribution de Neurath : ni dans les recensions ni en général dans le monde scientifique sa monographie n'a attiré l'attention qu'il espérait, surtout pour ses idées sur le problème de « l'imprévisibilité dans l'empirisme ».

■ 62. R. Hegselmann, *Die Korrespondenz zwischen Otto Neurath und Rudolf Carnap aus den Jahren 1934 bis 1945 – ein vorläufiger Bericht, op. cit.*, p. 286.

■ 63. *Ibid.*, p. 287.

■ 64. NdT : *Ballung*. Sur ce terme caractéristique de la pensée de Neurath, qui avait d'abord été traduit par « grégat », voir Ch. Bonnet et P. Wagner, *L'âge d'or de l'empirisme logique*, Paris, Gallimard, 2006, p. 585, n. 1. En allemand, le mot signifie d'abord : mise en balle, en ballot ; d'où l'idée de paquetage sommaire, de forme arrondie. Neurath en retient l'idée d'imprécision, de flou.

En effet, les longues remarques introductives sur la terminologie scientifique, qui aboutissent même pratiquement, en annexe, à une liste d'« expressions évitées dans cette monographie », figurant dans un « index verborum prohibitorum » (comme *fait, bien/ mal, justice, signification, esprit (matière), progrès, réel, réalité, vrai (faux)*)[65], – ces remarques avaient un effet dissuasif sur tout lecteur.

D'autre part, les adversaires résolus de Neurath (comme Nagel) semblent malheureusement avoir négligé précisément les points qu'il considérait comme les plus importants et les plus originaux, à savoir ceux sur « l'imprévisibilité dans l'empirisme », dont il espérait qu'ils stimuleraient des publications chez d'autres membres du mouvement empiriste (N/C, 22.09.1945 (non envoyé), 667). Il s'agit, d'une part, des prévisions appelées aujourd'hui *réflexives* (comme les prophéties auto-réalisatrices ou autodestructrices), dans lesquelles la connaissance d'une prévision a une influence positive ou négative sur l'événement prévu ; d'autre part, de l'imprévisibilité de l'augmentation future des connaissances : si je décris cette augmentation en détail dans le présent, elle ne constitue plus une prévision. On peut discuter plus particulièrement des conséquences du second phénomène. Selon Neurath, cela ne se produit que s'il s'agit d'une description « dans tous les détails ». Et l'on peut aussi se demander si Neurath a tiré les conséquences nécessaires de ses idées sur la théorie de la science, en l'occurrence l'ouverture du futur social et politique, pour limiter ou abandonner complètement l'utopie d'une socialisation complète et d'une économie en nature, qui fut la sienne jusqu'à sa mort[66].

Les réactions du mouvement empiriste qu'espérait Neurath ne se sont pas matérialisées. C'est une étrange ironie de l'histoire qu'après sa mort, deux autres auteurs aient fait fureur en exploitant ses idées : Robert Merton avec son essai *La prophétie auto-réalisatrice*[67] et Karl Popper avec sa section sur « l'effet Œdipe » dans les sciences sociales dans son livre *Misère de l'historicisme*[68]. Là, Popper confond les deux effets soigneusement distingués par Neurath. Il doit paraître tout à fait étrange qu'il ait ensuite introduit, dans la préface, l'imprévisibilité de l'augmentation future des connaissances comme prémisse d'un argument destiné à démontrer l'impossibilité et l'irresponsabilité d'une planification à grande échelle. Au contraire, il me semble aujourd'hui qu'il est irresponsable de renoncer à une planification globale (comme dans la lutte contre le changement climatique).

Conclusion

La grande discussion générale qu'ils avaient envisagée et qui fut rendue impossible par la mort prématurée de Neurath, le 22 décembre 1945, aurait-elle pu rétablir entre les deux hommes une relation personnelle permettant de

■ 65. O. Neurath, *Foundations of the Social Sciences*, trad. all. *Grundlagen der Sozialwissenschaften*, reproduit dans O. Neurath, *Gesammelte philosophische und methodologische Schriften, op. cit.*, p. 925-978.
■ 66. H.-J. Dahms, « Otto Neurath, Max Weber und die Revolution von 1919 in Bayern », in *Widerspruch. Münchner Zeitschrift für Philosophie* 67, 2019, p. 89-116.
■ 67. R. K. Merton, « The Selffulfilling Prophecy », in *The Antioch Review* 8, 1948, p. 193-210.
■ 68. K. Popper, *The Poverty of Historicism*, London, Routledge & Kegan Paul, 1957; voir H.-J. Dahms, « Karl Poppers Wissenschaftstheorie der Sozialwissenschaften : Prognoseprobleme und ihre politische Bedeutung », in *Aufklärung und Kritik* 1, 2019, p. 92-110.

retrouver l'enthousiasme antérieur pour des objectifs communs ? La question doit rester ouverte.

Il faut espérer que la publication de la correspondance Neurath/Carnap et des carnets de Carnap ne seront pas seulement l'occasion d'une étude approfondie de l'histoire effective de l'empirisme logique, mais qu'elles susciteront également des discussions sur ce que le programme des Lumières peut signifier à notre époque, qui s'oriente de plus en plus vers un autoritarisme et une hostilité envers la science.

Hans-Joachim Dahms

Sources non publiées

Rudolf Carnap (*Archives of Scientific Philosophy, Pittsburgh/Konstanz*)
    –, *Carnets* (1908-1970)
    –, *Correspondance* avec :
        Otto Neurath (1923-1945)
        Charles Morris
        Ernest Nagel (Columbia University, Special Collections Department and
            University Archive)
–, *Correspondance* avec :
        Charles Morris

LES INTROUVABLES
DES CAHIERS

PRÉSENTATION

Michel Bourdeau

S i cet article publié il y a maintenant trente ans, dans *Critical Inquiry* 16 (été 1990), fut presque aussitôt traduit en allemand[1], c'est que, s'appuyant sur des faits oubliés depuis un demi-siècle, il offrait, sur Carnap et plus généralement sur le cercle de Vienne, des vues fort différentes de celles qui avaient alors cours ; mais, s'il en est ainsi, c'est aussi que l'auteur y proposait, et y mettait en pratique, une nouvelle approche de la philosophie des sciences, qui a fait de lui un des épistémologues les plus en vue de sa génération[2].

Brièvement exposée à la fin du texte, cette conception se caractérise avant tout par l'attention accordée d'une part aux pratiques scientifiques, et non aux seules théories, et d'autre part au contexte socio-historique. Le premier caractère, le plus original, intervient peu ici, puisqu'il y est question de philosophie des sciences plus que de science à proprement parler. Quant au second, il participe d'un mouvement plus vaste. L'abandon du programme des positivistes logiques[3], dans les années 1960, a permis une étude historique de cette école, les travaux des Autrichiens (E. Nemeth, R. Haller, Fr. Stadler) ayant conduit par exemple à la création, en 1991, d'un *Institut Wiener Kreis*.

Aufbau, Bauhaus : le titre de l'article établit un rapprochement, aussi imprévu que convaincant, entre un mouvement artistique d'avant-garde actif en Allemagne au temps de la République de Weimar et un ouvrage, l'*Aufbau* (c'est sous ce nom abrégé qu'il est connu), au statut singulier, puisqu'on a voulu y voir la matrice de l'œuvre de Carnap tout entière, alors que son auteur l'a en quelque sorte très tôt renié. Si le Bauhaus et le Cercle de Vienne ont tous deux laissé, dans leur domaine, une empreinte durable, rien à première vue n'invitait à les rapprocher et l'image du positivisme logique offerte dans ces pages ne pouvait que surprendre le lecteur de 1990.

Le modernisme des deux groupes a ceci de commun, nous dit Peter Galison, d'être animé par un même souci de ce qu'il propose d'appeler « construction transparente », c'est-à-dire un processus qui part d'éléments simples pour s'élever pas à pas à des formes de plus en plus complexes. Kandinsky compose

---

■ 1. *Deutsche Zeitschrift für Philosophie*, 43/4, 1995, p. 653-685.
■ 2. Voir par exemple : *L'empire du temps, Les horloges d'Einstein et les cartes de Poincaré*, Paris, Folio, 2006 ; *Objectivité* (avec Lorraine Daston), Paris, Presses du réel, 2012.
■ 3. On parle tantôt d'empirisme logique tantôt de positivisme logique. Laissant de côté la question, qui ne manque pourtant pas d'intérêt, de savoir pourquoi on choisit un terme plutôt que l'autre, on notera simplement ici que l'auteur parle toujours de positivisme logique.

un tableau à partir de formes géométriques simples, comme Carnap construit des concepts à partir des données immédiates de la conscience. Il ne faut sans doute pas pousser trop loin l'idée de parallèles structuraux entre les deux écoles, et il est permis par exemple de se demander si la notion de « construction transparente » à l'aide de briques neutres s'applique bien à une démarche comme celle de Neurath[4]. Il n'en reste pas moins que, dans l'ensemble, les travaux récents n'ont fait que confirmer la justesse du rapprochement établi entre le monde de l'art et celui de la science, ou plutôt d'une philosophie se réclamant de la science[5]. C'est ainsi que la référence à l'architecture, implicite dans l'idée de construction, constitue un puissant facteur commun aux deux mouvements, celle-ci étant censée faciliter l'avènement des nouvelles formes de vie propres à la modernité. Gropius, Hannes Meyer, Mies van der Rohe, tour à tour directeurs du Bauhaus, étaient tous trois architectes. Neurath, de son côté, s'est longtemps occupé du logement ouvrier à Vienne. Mais l'exemple le plus éloquent est celui de Wittgenstein qui, avant de revenir à la philosophie, a consacré plusieurs années à des travaux architecturaux : c'est la logique devenue maison, se plaignait une de ses sœurs.

La mise en contexte fait encore apparaître un autre thème, qui sert de toile de fond au précédent : Bauhaus et Cercle de Vienne sont, chacun dans leur domaine, l'expression d'une même aspiration à la modernité. Toutes proportions gardées, la situation à l'issue de la première Guerre Mondiale n'est pas sans rappeler celle qui avait suivi la défaite de Napoléon. En 1918 à Paris comme en 1815 à Vienne, le problème à résoudre était le même : réorganiser la société européenne. Avec la disparition des empires autrichien et ottoman, la carte de l'Europe et du Proche Orient avait été totalement redessinée. À cela s'ajoutait la révolution russe. L'ancien monde était détruit, un nouveau monde était à reconstruire, sur d'autres bases. De là un enthousiasme, que nous avons beaucoup de mal à partager, mais qu'il faut avoir présent à l'esprit si l'on veut comprendre cette époque. Carnap voyait dans l'espéranto, comme Neurath dans la statistique en images, une langue universelle qui permettrait aux peuples de s'entendre. Dans leur lutte pour de nouvelles formes de vie, Bauhaus et Cercle de Vienne se heurtaient d'ailleurs aux mêmes adversaires.

La suite de l'histoire est bien connue. La prise du pouvoir par les nazis mit un terme brutal aux activités des principaux protagonistes et les contraignit à l'exil. S'il est vrai que Charles Morris tenta de maintenir la flamme, le Bauhaus, à Chicago, ne fut plus que l'ombre de ce qu'il avait été en Allemagne. Rapidement, la guerre froide aidant (en 1954, Carnap fit

■ 4. Voir A. Potochnik, A. Yap, « Revisiting Galison's "Aufbau/Bauhaus" in light of Neurath's philosophical projects », *Studies in History and Philosophy of Science* 37, 2006, p. 469-488.

■ 5. Par exemple, H.-J. Dahms, « *Neue Sachlichkeit* in the Architecture and Philosophy of the 1920s », *in* St. Awodey, C. Klein (eds.), *Carnap Brought Home*, Chicago, Open Court, 2004, p. 357-375 ; ou encore K. Sigmund, *Sie nannten sich Der Wiener Kreis*, Wiesbaden, Springer, 2018, qui est centré sur la vie intellectuelle et scientifique à Vienne, avec une riche iconographie.

l'objet d'une enquête du *FBI*), il ne resta qu'une version aseptisée de ce qui ne pouvait plus s'appeler qu'empirisme logique[6].

De l'article, on retiendra enfin l'omniprésence de celui qui a servi de locomotive, – le mot est de Carnap –, au Cercle de Vienne : Otto Neurath. Ses liens avec le monde des arts plastiques ne se limitaient pas au Bauhaus. La statistique en image doit beaucoup de son succès au travail de Gerd Arntz, qui appartenait au groupe des Progressistes de Cologne[7]. Quant à l'intérêt de Neurath pour l'architecture et l'urbanisme, il ne s'est jamais démenti. Grâce à Josef Frank, il a pu participer aux travaux des Congrès Internationaux d'Architecture Moderne, en particulier à celui de 1933, au cours duquel fut rédigé ce manifeste de l'architecture moderne qu'est la Charte d'Athènes[8]. Cette collaboration au sein de CIAM se heurta à des difficultés et cessa rapidement (Neurath y était le seul non-architecte). Son intérêt pour ces questions se manifesta alors sous une autre forme, avec un article « Représentation visuelle des problèmes architecturaux », publié dans *Architectural record*[9]. Peu avant sa mort, en 1945, la ville minière de Bilston, en Angleterre, l'avait choisi comme consultant pour l'édification d'une ville où il fasse bon vivre[10].

Michel Bourdeau
IHPST / CNRS / Université Paris 1 / ENS

6. G. A. Reisch, *How the Cold War Transformed Philosophy of Science : To the Icy Slopes of Logic,* Cambridge, Cambridge University Press, 2005. Une histoire plus détaillée devrait faire une place aux liens académiques développés entre l'Europe et les USA dès avant 1914. Ce n'est pas pour des raisons politiques que Schlick ou Gödel allaient aux États-Unis et, par exemple, une institution comme la *Rockefeller Foundation* a joué un grand rôle dans la migration des intellectuels européens vers l'eldorado nord-américain.

7. A. Simoniello, « Apprendre par le regard, la contribution des Progressistes à la pédagogie de l'image », *Histoire@politique* 33, septembre-décembre 2017, p. 2-19 (www.histoire-politique.fr).

8. G. Sandner, *Otto Neurath, Eine politische Biographie,* Wien, Szolnay, 2015, p. 199-203.

9. S. Hochhäusl, « Otto Neurath : Mapping the City as a Social Fact? » *in* D. Wagner, W. Pichler, E. Nemeth, R. Heinrich (eds.), *Publications of the Austrian Ludwig Wittgenstein Society – N.S. 17,* Heusenstamm, Ontos Verlag, 2011, p. 99-136.

10. S. Jeffries, « Bilston's revival : the pursuit of happiness in a Black Country tonne », *The Guardian,* 2 août 2016, consulté le 14 décembre 2019, en ligne : https : //www.theguardian.com/cities/2016/aug/02/pursuit-happiness-black-country-town-bilston.

AUFBAU/BAUHAUS : POSITIVISME LOGIQUE ET MODERNISME ARCHITECTURAL

AUFBAU / BAUHAUS : POSITIVISME LOGIQUE ET MODERNISME ARCHITECTURAL*

Peter Galison[1]

Introduction

Le 15 octobre 1929, Rudolf Carnap, membre éminent du Cercle de Vienne récemment fondé, vint donner une conférence au Bauhaus de Dessau, au sud-ouest de Berlin. Carnap venait de terminer son *opus magnum*, *La construction logique du monde*, un livre qui devint immédiatement la bible de la nouvelle antiphilosophie annoncée par les positivistes logiques. D'un petit groupe à Vienne, le mouvement s'était rapidement élargi pour atteindre une audience internationale et, au cours des soixante années qui ont suivi, il a exercé une puissante influence sur la pratique de la philosophie des sciences ainsi que sur de larges branches de la philosophie, de l'économie, de la psychologie et de la physique.

Le Bauhaus de Dessau, où avait lieu ce jour-là la conférence de Carnap, était un magnifique bâtiment conçu par Walter Gropius et inauguré trois ans plus tôt. Protégés par son toit plat et ses murs vitrés, les artistes, architectes, tisserands et designers avaient fait de l'école une citadelle du haut modernisme. C'est là que Carnap parla à un public enthousiaste de « La science et la vie ». « Je travaille en science, commença-t-il, et vous sur des formes visibles ; ce ne sont que les deux côtés différents d'une même vie »[2]. Dans cet article, j'explorerai cette « vie unique » dont la nouvelle philosophie et le nouvel art devaient être des facettes différentes ; ce faisant, j'espère mettre en lumière les courants modernistes communs qui animaient les deux disciplines dans l'entre-deux-guerres.

* Peter Galison, "Aufbau/Bauhaus: Logical Positivism and Architectural Modernism", *Critical Inquiry*, Vol. 16, No. 4 (Summer, 1990), p. 709-752.
Translated with permission of The University of Chicago Press ; permission conveyed through Copyright Clearance Center, Inc.
Le texte original comportait quelques illustrations, qu'il ne nous a malheureusement pas été possible de reproduire.

■ 1. Je tiens à remercier Nancy Cartwright, Robert S. Cohen, Richard Creath, Lorraine Daston, Arnold Davidson, Alain Findeli, Peter Frank, Caroline Jones, J.-B. Kennedy, Cheryce Kramer, Timothy Lenoir, et Hans Sluga pour de nombreuses et très utiles conversations. Mes remerciements vont également aux Archives of Scientific Philosophy conservées à la bibliothèque de l'université Pittsburgh (et spécialement à Gerald Heverly) ; au Peirce Edition Project du Center for American Studies (spécialement à Janine Beckley et à Christian Kloesel) ; à la réserve de la bibliothèque de l'université de Chicago ; au département des collections de la bibliothèque de l'université d'Illinois à Chicago (spécialement à Mary Ann Bamberger) ; aux Bauhaus-Archiv, Museum für Gestaltung (spécialement à Madame Stolle et au Dr. Magdalena Droste) ; aux archives d'histoire de l'art, Getty Center for the History of Art and the Humanities, Los Angeles (spécialement à Stephen Nonack) ; aux Vienna Circle Archive, Vienna Circle Foundation (Amsterdam) (spécialement à Anne Kox), pour leur aide, et pour la permission de citer des documents conservés dans ces institutions. Ce travail a été réalisé grâce au soutien du Center for Advanced Study in the Behavioral Sciences et de la National Science Foundation.

■ 2. R. Carnap, notes pour sa conférence au Bauhaus, « Wissenschaft und Leben », préparée le 1ᵉʳ oct. 1929 et prononcée le 15 oct. 1929 ; transcription de la sténographie par G. Heverly, *Carnap Papers, Archives of Scientific Philosophy, University of Pittsburgh Libraries, University of Pittsburgh* (abrégées désormais en : CP, PASP), document RC 110-07-49. Cité avec la permission de l'Université de Pittsburgh. Tous droits réservés.

Toute tentative pour relier la philosophie et l'art dans l'entre-deux-guerres doit aller au-delà de la simple identification de parallélismes entre les mouvements. En fait, les principaux représentants du positivisme logique et du Bauhaus ont cherché consciemment à articuler une vision du monde dans laquelle les deux joueraient des rôles essentiels. Quoique situés aux pôles politiquement opposés du Cercle de Vienne, les philosophes Otto Neurath et Ludwig Wittgenstein ont passé des années à s'occuper de questions d'architecture. Tout au long de leurs écrits, Carnap, Neurath et d'autres ont reconnu dans l'architecture moderne le mouvement culturel auquel ils s'identifiaient le plus ; ils étaient payés de retour puisque, au Bauhaus de Dessau, les positivistes logiques ont constitué, après les artistes et les architectes, le groupe de visiteurs le plus important. De plus, les deux mouvements ont fait face aux mêmes ennemis – la droite religieuse, les nationalistes et les anthroposophes, les *völkisch*, les nazis – et cela les a rapprochés encore plus de la vie commune qu'ils avaient en tête. Les deux entreprises ont cherché à incarner un modernisme mettant l'accent sur ce que j'appellerai « construction transparente » : un processus édificatoire explicite, depuis les éléments simples jusqu'à toutes les formes supérieures, garantissant, en vertu du programme constructif systématique lui-même, l'exclusion du décoratif, du mystique ou du métaphysique. Cette forme de construction avait une dimension politique : en la faisant reposer sur des unités simples et accessibles, ils espéraient bannir l'incorporation de traits nationalistes ou historiques.

À partir de simples rapports d'observation (les « énoncés protocolaires ») et de connexions logiques (*si/alors, ou, et*), les positivistes logiques cherchaient à fonder une philosophie « scientifique », anti-philosophique, qui assiérait toute connaissance fiable sur des bases solides et l'isolerait de ce qui est peu fiable. Puisque toutes les inférences valides seraient construites à partir de ces énoncés élémentaires, les sciences seraient unifiées par leur point de départ commun. Pour leur part, les *Bauhäusler* espéraient utiliser des principes scientifiques pour combiner des relations primitives de couleurs et des formes géométriques élémentaires, afin d'éliminer la décoration et de créer une nouvelle esthétique anti-esthétique qui mettrait en valeur la fonctionnalité. Les deux groupes s'étaient tellement rapprochés dans leur vision commune du modernisme que, lorsque le Bauhaus s'est réuni de nouveau sous le nom de *New Bauhaus* à Chicago après avoir fui les nazis, le *New Bauhaus* a introduit le positivisme logique du Cercle de Vienne comme composante fondamentale de son programme de propédeutique (*Gestaltungsprogramm*).

Le modernisme du Bauhaus regroupait beaucoup de styles, d'orientations politiques, de leaders et d'artistes – depuis les efforts presque expressionnistes d'avant la Première Guerre mondiale, à Weimar, jusqu'à l'orientation marxiste et technique des années Dessau. De même, au fur et à mesure que le mouvement du positivisme logique s'est étendu, il s'est renforcé en s'assurant la coopération d'une foule de groupes philosophiques, des pragmatistes américains aux logiciens polonais[3]. À la fin des années 1940 et au début des années 1950, l'impact des deux tendances était considérable, mais diffus. Je me concentre ici sur la fin des années 1920 et le début des années 1930, une époque où le Cercle de Vienne venait d'entamer sa phase la plus vigoureuse et la plus productive et où le Bauhaus venait de trouver, à Dessau, de nouvelles racines. Pendant cette période, les liens entre l'art et la philosophie étaient réels et non pas métaphoriques, car artistes et philosophes étaient liés par des préoccupations politiques, scientifiques et programmatiques communes. Nul doute qu'en jetant un filet aux mailles plus larges, on pourrait trouver d'autres « affinités » entre des fragments de philosophie et des œuvres artistiques, musicales et littéraires modernes. Mais c'est dans l'entre-deux-guerres que le modernisme du Bauhaus et le Cercle de Vienne se renforcèrent mutuellement et, ce faisant, commencèrent à articuler une vision commune de ce que tous deux appelaient une « forme de vie » moderne.

Une reconstruction de cette forme de vie moderniste aurait deux buts. Tout d'abord, elle nous permettrait d'avoir une compréhension culturelle plus large des mouvements philosophiques et architecturaux. En particulier, elle pourrait donner une signification plus profonde à la tentative des philosophes des sciences de construire une vision « moderne » du monde. J'espère qu'en retraçant les liens réels entre le Cercle de Vienne et le Bauhaus, la lumière sera faite sur un courant central du haut modernisme canonique, montrant comment chaque discipline a utilisé l'autre pour légitimer son effort alors

3. Leur polémique comprenait, dans leur manifeste, une histoire des origines du groupe, qui a été reproduite dans des « histoires » écrites depuis (surtout par des adhérents du mouvement). Les sources standard pour ces histoires-souvenirs sont : A. J. Ayer, « The Vienna Circle », in A. J. Ayer et al., The Revolution in Philosophy, London, Macmillan, 1956, p. 70-87 ; R. Carnap, « Intellectual Autobiography », in The Philosophy of Rudolf Carnap, P. A. Schilpp (ed.), La Salle (Ill.), Open Court, 1963, p. 3-84 ; J. Joergensen, « The Development of Logical Empiricism », in Foundations of the Unity of Science : Toward an International Encyclopedia of Unified Science, O. Neurath, R. Carnap, Ch. Morris (eds.), 2 vols., Chicago, Chicago University Press, 1970-1971, p. 847-946 ; V. Kraft, The Vienna Circle : The Origin of Neo-Positivism, A Chapter in the History of Recent Philosophy, trad. anglaise A. Pap, New York, Greenwood Press, 1953 ; H. Reichenbach, The Rise of Scientific Philosophy, Berkeley-Los Angeles, University of California Press, 1951 ; H. Feigl, « The Wiener Kreis in America », in The Intellectual Migration : Europe and America, 1930-1960, D. Fleming, B. Bailyn (ed.), Cambridge (Mass.), Harvard University Press, 1969, p. 630-673 ; J. Passmore, « Logical Positivism », in The Encyclopedia of Philosophy, P. Edwards (ed.), 8 vols., New York, Macmillan, 1967, vol. 5, p. 52-57 ; Ph. Frank, Modern Science and Its Philosophy [1949], New York, G. Braziller, 1955 ; et O. Neurath, Le Développement du Cercle de Vienne et l'avenir de l'empirisme logique, trad. fr. E. Vouillemin (Paris, 1935). Pour l'essentiel, ces histoires fournissent une liste de noms, une constellation intellectuelle qui, dans l'environnement favorable de la Vienne libérale, se cristallisa en un engagement en faveur de la science et du positivisme. La liste est tirée de l'histoire tout entière : dans l'antiquité classique, les épicuriens sont vus comme des précurseurs, au Moyen Âge, les nominalistes et plus récemment à Vienne les œuvres de Ludwig Boltzmann et d'Ernst Mach. Leurs précurseurs de prédilection comprennent Francis Bacon, Thomas Hobbes, John Locke, David Hume, Jeremy Bentham, John Stuart Mill, Herbert Spencer, René Descartes, Auguste Comte, Jules-Henri Poincaré, Gottfried Wilhelm Leibniz et bien d'autres encore. Par-dessus tout, continue l'autobiographie du groupe, ce sont les travaux récents des logiciens Bertrand Russell, Gottlob Frege et Ludwig Wittgenstein qui, une fois combinés à la tradition positiviste propre à Vienne, devaient donner naissance au positivisme logique.

radical[4]. Deuxièmement, il est maintenant clair que le positivisme logique et l'architecture moderniste en sont venus à occuper, dans les multiples discussions relatives aux postmodernismes, un terrain central et disputé entre la gauche et la droite. Bien que ce ne soit pas ici mon souci premier, il se peut qu'en plaçant les philosophes du Cercle de Vienne dans une matrice culturelle moderniste, nous soyons mieux à même de voir ce qui est et ce qui n'est pas une alternative à leur vision politique et philosophique.

Aufbau et *Bauhaus*

À un degré étonnant, la philosophie moderne des sciences est l'héritière du Cercle de Vienne, petit groupe philosophique composé principalement de non-philosophes, qui s'est réuni régulièrement dans les années 1920. Moritz Schlick, l'aristocrate autrichien qui se trouvait au centre du groupe initialement connu sous le nom de *Verein Ernst Mach*, avait fait sa thèse de doctorat en optique théorique sous la direction du physicien Max Planck à Berlin. Parmi les autres membres figuraient Hans Hahn, un mathématicien, et Philipp Frank, un physicien théoricien. Neurath était un sociologue dynamique et politiquement engagé, qui s'est joint au groupe avec un intérêt pour tout, depuis les musées jusqu'à l'histoire, la philosophie et la physique. Carnap avait étudié la physique expérimentale avant de se tourner vers la philosophie, et a rejoint le reste du Cercle en 1926, après avoir été en contact avec Schlick et Neurath. D'autres venaient de l'histoire, de l'ingénierie, des sciences et de la philosophie. L'influence du groupe s'est rapidement étendue au-delà des frontières de l'Autriche, grâce à une alliance avec le mouvement de « philosophie scientifique » de Hans Reichenbach à Berlin, et avec des efforts similaires en Pologne, aux États-Unis, en Grande-Bretagne et en Scandinavie. Tout au long de son existence, le Cercle de Vienne s'est conçu comme un mouvement moderne et scientifique, comme un mouvement qui allait nous débarrasser de l'enquête futile et stérile qui s'appelait philosophie. À la place de la philosophie traditionnelle, le Cercle voulait ériger une structure scientifique unifiée dans laquelle toutes les connaissances – de la mécanique quantique à la sociologie marxiste et à la psychologie freudienne – seraient construites à partir de chaînes logiques de propositions expérientielles élémentaires.

Neurath et Carnap ont composé ensemble un bon nombre des textes consciemment les plus modernes du Cercle de Vienne. La première lettre de Neurath à Carnap qui ait été conservée est datée d'octobre 1923. S'adressant au « sehr geehrter Herr Doktor », Neurath lui dit souhaiter le rencontrer pour discuter de leur intérêt commun pour la correspondance entre réalité

■ 4. Ces dernières années, il y a eu un bon nombre de bonnes études du milieu culturel du Cercle de Vienne. Voyez par exemple E. Nemeth, *Otto Neurath und der Wiener Kreis : Revolutionäre Wissenschaftlichkeit als Anspruch* (1981) ; F. Stadler, « Aspekte des gesellschaftlichen Hintergrunds und Standorts des Wiener Kreises am Beispiel der Universität Wien », in *Wittgenstein, der Wiener Kreis und der kritische Rationalismus*, H. Berghel, A. Hübner, E. Kohler (Hrsg.), Wien, Hölder-Pichler-Tempsky, 1979, p. 41-59 ; R. Haller, « New Light on the Vienna Circle », *The Monist* 65, 1982, p. 25-37. Il y a relativement peu de travaux sur les réalisations de Neurath dans le domaine des arts visuels. Les titres suivants sont extrêmement utiles : R. Kinross, « Otto Neurath et la communication visuelle », dans *Le Cercle de Vienne : doctrines et controverses*, J. Sebestik, A. Soulez (éd.), Paris, Klincksieck, 1986, p. 271-288 ; P. Neurath, « Souvenirs des débuts des statistiques illustrées et de l'isotype », dans *Le Cercle de Vienne, op. cit.*, p. 289-97 ; et *Arbeiterbildung in der Zwischenkriegszeit, Otto Neurath Gerd Arntz*, F. Stadler (Hrsg.), 1982.

concrète et logique mathématique. « La guerre et la révolution, dit-il, ont ouvert des gouffres qui n'ont pas encore été comblés et il faudra encore un certain temps avant que l'aisance, si nécessaire à la sagesse, […] puisse être pleinement retrouvée ». Neurath était bien placé pour le savoir. Il avait été expert technique dans les services financiers du gouvernement révolutionnaire de gauche de Munich ; après la défaite de celui-ci, il avait passé un an et demi derrière les barreaux. « Mais, écrit-il maintenant à Carnap, je veux avec cette lettre commencer à tisser des liens ; ma femme et moi serions ravis si vous pouviez participer à ce tissage. Qui sait, ça pourrait devenir un vrai tapis ! ». Tendant la main aux *Freideutschen*, dont Carnap était proche, Neurath ajoutait qu'eux aussi pourraient participer à la réconciliation[5].

La lettre est révélatrice, non seulement sur Neurath, mais aussi sur le cercle des philosophes qu'il allait bientôt rejoindre. Surtout, elle illustre la manière dont la philosophie formelle, mathématique, pouvait former un pont par dessus une fracture politique, Neurath et Carnap étant à gauche et d'autres membres du Cercle à droite. Pendant la révolution, Neurath avait clairement pris le parti de la cause ouvrière, mais toujours en qualité d'expert scientifique neutre. Même dans son rapport au Conseil ouvrier de Munich, en janvier 1919, Neurath commençait par rappeler à l'auditoire que les considérations qu'il allait présenter concernant les conditions sociales, le logement, la nourriture, l'habillement et le temps de travail, étaient « apolitiques ». Ailleurs cette même année, il décrivait l'ingénieur social comme l'analogue direct de l'ingénieur classique : tous deux transforment le monde par le travail scientifique grâce à l'analyse systématique des statistiques modernes[6]. De toute évidence, sa position d'ingénieur neutre séduisit les responsables car, peu après la mort de Kurt Eisner, le ministre-président du gouvernement révolutionnaire bavarois, en février 1919, on demanda à Neurath d'être président du bureau central de planification de Bavière. « J'ai accepté, a-t-il raconté quelques mois plus tard, en soulignant que je voulais être un administrateur apolitique » (*ES*, p. 21).

Le scientisme de Neurath – sa foi dans la trame neutre formée par la physique, la logique et la statistique – a été la clé de la consolidation du *Verein Ernst Mach*. Mais alors même que le *Verein* n'en était qu'à ses débuts, Neurath poursuivit son travail socio-technique, « apolitique », et manifesta un grand intérêt pour le logement ouvrier, l'art et l'architecture. Pour Neurath, le logement populaire avait plusieurs fonctions politiques importantes : il répondait aux besoins matériels immédiats des travailleurs ; il encourageait une forme de vie collective ; et il servait à construire, secteur par secteur, l'objectif ultime de Neurath, la socialisation complète de l'économie. Au début des années 1920, Neurath était devenu une figure centrale pour ce qui touchait au logement à Vienne et dans ses banlieues, ce qui l'introduisit

5. Neurath à Carnap, 19 oct. 1923, CP, PASP, document 029-16-07, p. 2. L'original de cette lettre comme de toutes les autres lettres de Neurath est conservé aux *Vienna Circle Archive, Vienna Circle Foundation* (Amsterdam).

6. O. Neurath, *Empiricism and Sociology*, trad. anglaise P. Foulkes, M. Neurath ; M. Neurath, R. S. Cohen (eds.), Dordrecht-Boston, Springer, 1973, p. 151-152 ; désormais abrégé *ES*.

dans le cercle des artistes et architectes modernes engagés politiquement[7]. À Franz Roh, critique d'art et ami proche, Neurath écrivait en 1924 : « je viens juste de dicter des lettres pour organiser par la propagande la reprise du programme de logements ouvriers [...] 25 000 appartements viennent d'être construits [...]. Pouvez-vous m'envoyer des informations sur les graphiques, la lithographie couleur, les images, etc., concernant ces logements pour travailleurs ? »[8].

Juste à cette époque, en Allemagne et en Autriche, ces logements sociaux pris en charge par l'État commençaient à être de plus en plus identifiés à la fois au Bauhaus de Gropius et aux gouvernements municipaux libéraux de gauche qui soutenaient ces grands projets de construction[9]. Au moment où Neurath écrivait à Roh, Gropius lui-même venait de parler à Vienne, laissant Neurath insatisfait. Mais s'il se plaignait que Gropius n'avait pas réussi à apporter suffisamment de nouvelles idées à Vienne, Neurath n'en a pas moins dit à Roh son indignation face aux tentatives de fermer le Bauhaus pour des raisons politiques[10].

Les craintes de Neurath n'étaient pas sans fondement : les nationalistes critiquaient le Bauhaus de Gropius, installé à Weimar, pour son orientation à gauche. Peu de temps après que Neurath eut entendu la conférence de Gropius à Vienne, les négociations entre le Bauhaus et le gouvernement de Weimar échouèrent et en 1925 le gouvernement socialiste de Dessau réussit à attirer les artistes qui devaient partir. Mais l'agitation continuait autour du Bauhaus, à l'intérieur comme à l'extérieur de ses murs. La méfiance de Neurath à l'égard de certaines des composantes les plus conservatrices – c'est-à-dire mystiques et mythiques – du programme du Bauhaus de Weimar était partagée par certains des artistes du Bauhaus lui-même. Avec le déménagement à Dessau et les pressions venues de divers côtés, notamment des géométristes spartiates du *De Stijl*, les *Bauhäusler* commencèrent à s'éloigner profondément du mystique pour s'orienter vers l'épuré et l'industriel. Ce changement a certainement été renforcé par la présence à Dessau de grands groupes industriels : *Agfa*, l'usine d'avions *Junkers* et des usines de production de gaz et de produits chimiques. Reflet de ces nouvelles priorités, les enseignants du Bauhaus de Dessau changèrent leur titre de « maître » pour celui de « professeur » et remplacèrent le graphisme par la publicité. Leur attachement à tout ce qui est technique et scientifique devint même plus prononcé ; l'art devait agir comme la science et servir d'initiateur dans le cycle de la production industrielle[11].

▪ 7. Pour une excellente présentation de l'engagement de Neurath dans le mouvement du logement social, voir R. Hoffmann, « Proletarisches Siedeln. Otto Neuraths Engagement für die Wiener Siedlungsbewegung und den Gildensozialismus von 1920 bis 1925 », in *Arbeiterbildung in der Zwischenkriegszeit*, Wien, Löcker, 1982, p. 140-148.

▪ 8. Neurath à Franz Roh, n.d. [probablement 1924], Correspondance et papiers de Franz Roh, Archives of the History of Art, Getty Center for the History of Art and the Humanities, Los Angeles ; désormais : Collection Roh.

▪ 9. Sur le rôle du logement social comme vitrine de l'architecture radicale, voir B. Miller Lane, *Architecture and Politics in Germany, 1918-1945*, [1968], Cambridge (Mass.), Reidel, 1985, p. 58, p. 84 *sq* ; désormais abrégé AP. Selon Lane, c'est l'implication des *Bauhäusler* dans la conception de ces *Siedlungen* qui a tant politisé le mouvement de l'architecture de gauche.

▪ 10. Voir Neurath à Roh, n.d. [probablement 1924], Collection Roh.

▪ 11. G. Naylor, *The Bauhaus Reassessed : Sources and Design Theory*, New York, E. P. Dutton, 1985, p. 124-128 ; désormais abrégé en *BR*.

Rien n'a davantage plu à Neurath que ce nouveau virage scientifique. Lorsque le Bauhaus de Dessau ouvrit ses portes en décembre 1926, Neurath était présent et il écrivit à cette occasion dans la revue *Der Aufbau*. Célébrant le renoncement à l'ornementation et à la décoration sous toutes ses formes, il a gentiment reproché au Bauhaus de trop s'appuyer sur le *style* moderniste et pas assez sur ses implications pratiques : « Quand donc les ingénieurs modernes vont-ils diriger le Bauhaus ? ». Dans la mesure où le Bauhaus suivait un ordre du jour technique et socialement orienté, Neurath pensait qu'il servirait la grande révolution associée à la nouvelle forme de vie sociale et personnelle [*Neugestaltung des gesellschaftlichen und persönlichen Lebens*]. Puisqu'il croyait que « les artistes menaient la bataille pour se libérer spirituellement du passé », le rôle culturel du Bauhaus n'aurait pas pu être plus grand [12]. Voilà quelle était au bout du compte, pour Neurath, la véritable importance du Bauhaus. Qui veut « entrer dans la terre promise "libérée du passé" saisira la formation de la nouvelle forme de vie [*Gestaltung des Lebens*] comme un exploit technique. C'est l'idée maîtresse du Bauhaus qui va susciter de tous côtés les discussions les plus animées et les efforts les plus vigoureux » (NB, p. 211).

Dans son insistance sur une nouvelle forme de vie, fondée sur la technique, le langage de Neurath s'accordait avec celui des architectes radicaux et de leurs défenseurs, qui ne se lassaient jamais de souligner que l'innovation architecturale devait soutenir une réforme plus large de l'existence sociale et politique. C'était la véritable importance de leur nouvelle façon de construire. L'idée imprégnait également les écrits de Neurath et trouva son expression la plus claire dans son livre de 1928, *Lebensgestaltung und Klassenkampf* [Forme de vie et lutte des classes], où le philosophe insistait sur le fait que c'était l'architecte, « plus que toute autre personne créative », qui pouvait prévoir et ainsi façonner la future forme de vie [*Lebensform*] (*ES*, p. 257) [13]. Puisque la rationalité et la scientificité devaient caractériser l'orientation révolutionnaire du prolétariat, l'architecture de la modernité exigeait rationalité et fonctionnalisme. L'architecture moderne, pensait Neurath, pouvait à la fois refléter et façonner « l'esprit des temps modernes ». Inlassablement, il a fait valoir que « les mouvements significatifs de l'époque », qui s'efforçaient de se débarrasser du passé, n'ignoreraient l'exemple du Bauhaus qu'à leurs risques et périls. Dans son esprit, il devait certainement y avoir aussi sa propre défense du Cercle de Vienne, moins connue mais tout aussi messianique (NB, p. 211).

L'idée que l'innovation technique pouvait modifier la forme de vie était profondément ancrée dans l'idéologie politique du modernisme de la gauche libérale, notamment en architecture. Dans une remarque de 1923, typique de ses arguments depuis la fin de la guerre, Gropius affirmait que la nouvelle architecture moderne produirait en fait « une révolution spirituelle complète de l'individu » et un « nouveau style de vie » (*AP*, p. 67). Défendant la nouvelle

---

12. O. Neurath, « Das Neue Bauhaus in Dessau », *Der Aufbau* [Wien] 1, n°11/12, 1926, p. 210-211 ; désormais abrégé *NB*.

13. Voir également la version allemande de Neurath, *Lebensgestaltung und Klassenkampf*, in *Gesammelte philosophische und methodologische Schriften*, Haller und Heiner Rutte (Hrsg.), 2 vols., Wien, Holder-Pichler-Tempsky, 1981, t. 1, p. 235-236.

architecture, le maire de Francfort-sur-le-Main, Ludwig Landmann, soulignait que « notre nouvelle ère devait créer de nouvelles formes, tant pour la vie privée que pour la vie publique » (*AP*, p. 90). De fait, les plaidoyers en faveur d'une réforme de la vie fondée sur les principes modernes de la science étaient devenus un slogan commun aux architectes de gauche de l'Allemagne de l'après-Première Guerre mondiale, et un slogan irritant à droite, pour ceux qui étaient déterminés à préserver une forme de vie *völkisch*, empreinte d'histoire, de nationalisme et d'identité raciale.

Gropius lui-même commençait à parler avec une conviction croissante d'une science tant de l'art que de l'architecture : « Les ateliers du Bauhaus sont essentiellement des laboratoires dans lesquels sont développés avec soin et constamment améliorés des prototypes adaptés à la production en série et typiques de leur époque ».

Ce n'est que par un contact constant avec la technique de pointe, avec la diversité des nouveaux matériaux et avec les nouvelles méthodes de construction que l'individu créatif est capable d'amener les objets dans une relation vitale avec le passé, et de développer à partir de là une nouvelle attitude envers le design, à savoir :
Acceptation déterminée du cadre de vie des machines et des véhicules [14].

Plus important encore, Gropius créa un nouveau département d'architecture sous la direction de Hannes Meyer, qui, tout en poursuivant l'orientation scientifique du Bauhaus de Dessau à ses débuts, mit au premier plan son matérialisme, au grand dam de certains de ses collègues.

Bâtir n'est pas un processus esthétique [...]. L'architecture qui « perpétue une tradition » est historiciste [...] la nouvelle maison est [...] un produit de l'industrie et est à ce titre le travail de spécialistes : économistes, statisticiens, hygiénistes, climatologues, experts en [...] normes techniques de chauffage [...]. L'architecte ? C'était un artiste et il est en train de devenir un spécialiste de l'organisation. [...] Bâtir n'est qu'organisation : organisation sociale, technique, économique, mentale [*B*, p. 180].

Voilà un homme qui avait toute la sympathie de Neurath ; il y avait enfin un puissant *Bauhäusler* qui plaçait l'ingénierie avant l'esthétique. Au lieu des bâtiments « historiques » d'antan, Meyer souhaitait un projet de logement standardisé et orienté vers les travailleurs. Avec Gropius, Meyer construisit en fait de tels logements sociaux dans le quartier de Törten à Dessau (1926-28) [15].

Le projet qu'il présenta en 1927 avec Hans Wittwer pour le Palais de la Société des Nations à Genève est typique des ambitions technocratiques de Meyer. Pour leur participation au concours, les deux architectes suisses ont soumis le dessin [non reproduit ici]. Voir l'ouvrage *Hannes Meyer 1889-1954, Architekt, Urbanist, Lehrer*, Berlin, Ernst & Sohn, 1989]. Ils construit le bâtiment à partir de cellules géométriques et utilisé toutes les dernières

---

■ 14. Gropius, « Dessau Bauhaus. Principles of Bauhaus production », tract publié par le *Bauhaus* en Mars 1926 ; cité dans F. Whitford, *Bauhaus*, London, Thames and Hudson, 1984, p. 206 ; désormais abrégé *B*.
■ 15. Voir *BR*, p. 138-142

innovations technologiques : patenôtres, escaliers mécaniques, ascenseurs rapides, trottoirs roulants et accès automobile. Un nouvel ordre mondial ne pouvait pas être « comprimé dans une structure de construction traditionnelle ; [il devait y avoir] non pas des salles de réception remplies de colonnes pour des souverains fatigués, mais des espaces de travail ergonomiques pour des représentants actifs. Pas de couloirs labyrinthiques pour de labyrinthiques intrigues de diplomates, mais des salles vitrées ouvertes pour des hommes ouverts traitant des affaires publiques. Les dispositifs constructifs de la Société des Nations sont le fruit d'une *invention* [*Erfindung*] orientée vers un but et non d'une composition stylistique »[16]. L'architecture, pensait Meyer, aiderait à reconstituer les relations internationales en réorganisant le monde matériel dans lequel elles se déroulaient, tout comme les nouveaux logements sociaux allaient réformer les formes de vie de la classe ouvrière.

L'évolution radicale de Meyer vers ce qui est rationnel et scientifique suscita de l'hostilité, même chez ceux qui, comme Laslo Moholy-Nagy, qui avait dirigé l'atelier métal du Bauhaus, étaient largement favorables à ce tournant en art et en architecture. En janvier 1928, Gropius s'en alla et, malgré la démission de Moholy-Nagy et la résistance de certains autres, Meyer le remplaça et donna la première place à l'architecture. L'une de ses premières initiatives fut d'inviter au Bauhaus des conférenciers en sociologie, en physique et en philosophie pour donner le ton du progressisme scientifique[17].

La fascination de Meyer pour ce qui est scientifique et technique l'amena à inviter au Bauhaus, en tant que représentant officiel de ce que le Cercle de Vienne appelait leur « nouvelle conception scientifique du monde », Herbert Feigl, membre fondateur du Cercle. Feigl passa une semaine (3-10 Juillet 1929) à donner des conférences et à faire connaissance avec Wassily Kandinsky, Paul Klee, et d'autres[18]. Apparemment, sa visite fut un succès retentissant puisque, quelques semaines plus tard, Carnap écrivait à Neurath : « Je viens de recevoir une lettre très amicale de Hannes Meyer. Je dois venir une semaine au Bauhaus pour donner une conférence sur la conception scientifique du monde. Les efforts de Feigl semblent non pas les avoir rassasiés, mais seulement leur avoir agréablement ouvert l'appétit. En principe, j'ai dit que j'irai »[19]. Pendant ce temps, le Bauhaus demandait à Reichenbach, qui était à Berlin le principal allié du Cercle de Vienne, de venir donner une conférence à Dessau[20]. Neurath lui-même fut invité à donner des conférences au Bauhaus à la fin mai 1929 puis à nouveau en 1930 (*HM*, p. 177-178).

Pour Carnap, Feigl et Neurath, le moment de leur venue au Bauhaus était parfait ; ils arrivaient au moment où les positivistes logiques faisaient tout leur possible pour faire connaître leurs efforts au public. Au printemps 1929, ils avaient imprimé un tract sollicitant l'adhésion à leur *Verein Ernst Mach* : « À tous les amis de la vision du monde scientifique ! ». « Nous vivons dans une

■ 16. *Hannes Meyer 1889-1954, Architekt, Urbanist, Lehrer*, Berlin, Ernst & Sohn, 1989, p. 105 ; désormais abrégé en *HM*.
■ 17. Un excellent recueil des idées de Meyer se trouve dans H. Meyer, *Bauen und Gesellschaft : Schriften, Briefe, Projekte*, Dresden, Verlag der Kunst, 1980.
■ 18. Feigl à Reichenbach, 1er juillet 1929, Papiers de Hans Reichenbach, PASP, document HR 014-06-11.
■ 19. Carnap à Neurath, 25 août 1929, CP, PASP, document 029-15-02.
■ 20. Journal de Carnap, 21 oct. 1929, transcrit par Heverly, CP, PASP, document RC 025-73-03.

situation spirituelle [*geistigen*] critique ! La pensée métaphysique et théologique est en train de s'emparer de certains groupes ; l'astrologie, l'anthroposophie et d'autres mouvements similaires se répandent. De l'autre côté : des efforts de plus en plus conscients pour une vision scientifique du monde, une pensée logico-mathématique et empirique ». Le projet du *Verein* était d'une grande ambition puisqu'il cherchait (pour parler comme les architectes radicaux d'alors) à utiliser les méthodes de l'« empirisme moderne » pour réformer les formes de vie [*Lebensgestaltungen*] non seulement publiques mais aussi privées[21].

Dans leur tentative pour créer une nouvelle forme de vie qui s'étendait nécessairement au-delà de la spécialité de chacun, les positivistes logiques étaient en plein accord avec les *Bauhäusler*. Étant donné l'implication de Neurath dans la controverse du Bauhaus et son admiration déclarée pour le rôle prépondérant des architectes dans la réforme culturelle, il est peut-être compréhensible que la déclaration d'intention du *Verein* associe le mouvement positiviste logique « à de larges cercles qui ont confiance dans la conception scientifique du monde ». Tous étaient invités à s'associer[22].

Le premier projet annoncé par le *Verein* pour ce nouveau public élargi était une série de conférences incluant les mathématiques, l'astronomie, la sociologie des sciences, l'architecture moderne et (bien entendu) les arguments contre la métaphysique. Bientôt un autre tract apparut annonçant une série de quatre conférences. Il était adressé aux « amis de la conception scientifique du monde ! ». Ce qui nous intéresse particulièrement, c'est que la toute première conférence, le 19 avril 1929, était donnée par l'architecte autrichien Josef Frank, le frère de Philipp Frank, un des membres du Cercle de Vienne. Sa présentation s'intitulait « Conception moderne du monde et architecture moderne »[23].

C'était un bon choix. Josef Frank était profondément impliqué dans le Bauhaus, quoique parfois de façon ambivalente, et était l'un des principaux architectes autrichiens. Travaillant avec Oskar Strnad et Oskar Wlach, il avait déjà produit avant la Première Guerre mondiale certaines des résidences modernes les plus remarquables d'Autriche. En 1927, le *Werkbund* allemand l'avait invité à contribuer à l'Exposition de Stuttgart, placée sous la direction générale de Mies van der Rohe. Ce lotissement moderniste devait montrer ce qu'allait devenir tout un quartier conçu dans le nouveau style, et réunissait un ensemble remarquable d'architectes progressistes, parmi lesquels Le Corbusier et Gropius. Plus tard, Philip Johnson appela l'entreprise, connue sous le nom de *Weissenhof,* « l'ensemble de bâtiments le plus important de l'histoire de l'architecture moderne »[24]. Outre ses réalisations strictement architecturales, Frank était rapidement devenu le principal théoricien du *Werkbund* autrichien. À ce titre, il a tenté de naviguer entre la gauche et la droite, entre le fonctionnalisme naïvement progressiste (et à son avis affecté)

■ 21. *Verein Ernst Mach,* tract, « An alle Freunde wissenschaftlicher Weltauffassung ! » [avant avril] 1929, CP, PASP, document 029-30-01.
■ 22. *Ibid.*
■ 23. *Verein Ernst Mach,* tract, « Freunde wissenschaftlicher Weltauffassung ! … Vorträge », n.d., CP, PASP, document 029-30-02.
■ 24. H. M. Wingler, *The Bauhaus : Weimar, Dessau, Berlin, Chicago* [1969], trad. anglaise W. Jabs, B. Gilbert ; J. Stein (ed.), Cambridge (Mass.), The MIT Press, 1978, p. 534.

des Allemands et le penchant de ses propres compatriotes pour l'ornementation, le régionalisme, et le nationalisme. C'était une voie qu'il trouvait difficile à suivre parfois même désespérée[25].

Si Frank était au centre de la nouvelle architecture, il n'était pas loin du tourbillon de la nouvelle philosophie scientifique. Pendant plusieurs années, il a conçu l'architecture du musée pour la statistique en image, dirigé par Neurath, un lieu où les faits sur les conditions matérielles des différentes classes pouvaient être présentés de façon claire sous forme de panneaux et de graphiques. Il s'agissait d'un projet que Neurath considérait comme absolument essentiel pour éduquer les masses ; en s'appuyant sur les images plutôt que sur la langue, le musée de l'image allait combler le fossé entre les nationalités. Neurath a toujours eu foi dans l'idée que « par sa neutralité, par son indépendance à l'égard des divers langages, l'éducation visuelle est supérieure à l'éducation verbale. *Les mots divisent, les images unissent* » (*ES*, p. 217)[26]. Comme dans le cas de son engagement en faveur du *Basic English*, un jargon universel simplifié, de son insistance sur les phrases protocolaires et de sa politique apolitique, Neurath voyait dans les images des éléments de construction universels, clairs, sur lesquels tout le reste pouvait être construit. Leur caractère international, leur dimension constructiviste et leur simplicité visuelle ne pouvaient que séduire les *Bauhäusler* lorsque Neurath leur présenta son travail en 1929 (*HM*, p. 177)[27]. À partir de simples éléments picturaux tels qu'une machine, un ouvrier ou du charbon, on pouvait construire des représentations standardisées de la distribution dans l'industrie, du logement et d'autres aspects de la vie matérielle. Le système ISOTYPE (comme on l'appelait) était essentiellement une forme linguistique et picturale de construction transparente[28].

Dans une lettre, Neurath fait référence à la conception qu'avait Frank du musée et de ses expositions : « le musée regorge de la vieille *Sachlichkeit*. Complètement géométrique. Partout, des tableaux représentant des grandeurs commensurables […] et le tout dans un espace ouvert entourant les tableaux »[29]. La référence de Neurath au mouvement artistique de la *Neue Sachlichkeit* ou « nouvelle objectivité », un style réaliste froidement clinique, n'était apparemment qu'une référence parmi d'autres. Selon Feigl, Neurath et Carnap qualifiaient régulièrement le positivisme logique du Cercle de Vienne d'« expression de la *neue Sachlichkeit* »[30].

---

25. F. Achleitner, « Wiener Architektur der Zwischenkriegszeit : Kontinuität, Irritation und Resignation », *in* P. Heintel *et al.* (ed.), *Das geistige Leben Wiens in der Zwischenkriegszeit*, Wien, Österreicher Bundesverlag, 1981, p. 290-291.

26. Voir aussi R. Kinross, « Otto Neurath et la communication visuelle », *op. cit.*, p. 273, et P. Neurath, « Souvenirs des débuts des statistiques illustrées et de l'isotype ».

27. La conférence de Neurath était intitulée « *Bildstatistik und Gegenwart* ».

28. On trouvera davantage d'information sur le langage visuel de Neurath et sur sa conception de l'usage social des statistiques dans Kinross : « Otto Neurath et la communication visuelle » et dans *Arbeiterbildung in der Zwischenkriegszeit*.

29. Neurath à Roh, n.d. [probablement 1924], Collection Roh.

30. H. Feigl, « The *Wiener Kreis* in America », *op. cit.*, p. 637.

Hausgewordene Logik (La logique devenue maison)

Pour le Cercle de Vienne, aucune œuvre philosophique ne représentait mieux cette nouvelle objectivité, que le *Tractatus Logico-Philosophicus* publié par Wittgenstein en 1921. De fait, il est presque impossible d'exagérer l'effet du *Tractatus* sur le Cercle de Vienne, où il a été lu à haute voix, phrase par phrase, deux fois, dès les séances de jeudi du Cercle, en 1926-1927[31]. Une trace de cette dévotion subsiste dans les archives, où l'on trouve une liste d'affirmations, une sorte de catéchisme positiviste, indiquant, proposition par proposition, comment chaque membre du Cercle voterait sur des affirmations particulières, avant et après la lecture du *Tractatus*. Par exemple : « Le sens d'une phrase est sa méthode de vérification »[32]. Bien que Wittgenstein lui-même ait refusé d'être assimilé au camp positiviste, son engagement en faveur d'une construction partant de propositions vérifiables était suffisamment similaire aux aspirations du Cercle de Vienne pour que les positivistes aient vu en lui un prophète de leur modernisme philosophique.

Le succès du *Tractatus* n'a pas épargné à Wittgenstein les tumultes de sa vie intérieure. Pendant la Première Guerre mondiale, il quitta volontairement la philosophie pour partir comme soldat sur le front. Il fut hospitalisé pour blessures de guerre. Une fois guéri, il s'est d'abord tourné vers le jardinage, puis vers l'enseignement primaire dans un village de montagne isolé. Juste au moment où la carrière d'instituteur commençait à perdre de son attrait, l'une des sœurs de Wittgenstein, Margarethe Stonborough, chargea Paul Engelmann, ami de longue date de la famille (et élève de l'architecte Alfred Loos), de concevoir une grande maison dans la Kundmanngasse à Vienne.

« Vous êtes moi ! » a dit un jour Loos à Wittgenstein[33]. Leur commune recherche pour éliminer le superflu et leur attachement aux formes élémentaires, dont les plus complexes seraient issues, les amenés à des interprétations mutuellement sympathiques de la modernité. Le volume d'avant-guerre de Loos, *Ornement et Crime*, avait déjà jeté les bases de sa croisade économique, morale et esthétique contre la décoration : « J'ai découvert et donné au monde la notion suivante : *l'évolution de la civilisation se résume à ceci : dépouiller l'objet utilitaire de tout ornement* »[34]. Après la guerre, Engelmann trouva que les bâtiments de Loos et le *Tractatus* de Wittgenstein visaient des cibles parallèles : pour Loos, c'était le mouvement des « arts appliqués » (*arts and craft*), avec ses prétentions à une spiritualité supérieure ; pour Wittgenstein c'étaient les philosophes bâtisseurs de systèmes métaphysiques[35]. Le *Tractatus*

31. R. Haller, « New Light on the Vienna Circle », *op. cit.*, p. 27. Sur les relations entre le Cercle de Vienne et Wittgenstein, voir encore les essais dans *Wittgenstein, der Wiener Kreis und der kritische Rationalismus*. Le livre bien connu d'Allan Janik et Stephen Toulmin *Wittgenstein's Vienna* (1973) met en rapport la pensée de Wittgenstein et les controverses sur le langage qui ont surgi du fossé existant entre la structure politique de l'Empire Austro-Hongrois en déclin et les nouvelles réalités socio-économiques de la Vienne du tournant du siècle.

32. Notes de R. Rand, « Entwicklung der Thesen des «Wiener Kreises» », nov. 1932-mar. 1933, CP, PASP, document 081-07-01.

33. P. Engelmann, *Letters from Ludwig Wittgenstein, with a Memoir* [1967], trad. anglaise L. Furtmüller ; B. F. McGuinness (ed.), New York, Horizon Press, 1968, p. 127.

34. B. Gravagnuolo, *Adolf Loos, Theory and Works*, trad. anglaise C. H. Evans, New York, Rizolli, 1982, p. 67.

35. P. Engelmann, *Letters from Ludwig Wittgenstein, with a Memoir* [1967], trad. anglaise L. Furtmüller ; B. F. McGuinness (ed.), New York, Horizon Press, 1968, p. 128.

se termine sur une mise en garde appelant la philosophie à agir comme une sorte de conscience nous enjoignant de ne pas aller au-delà de ce qui peut être dit (comme les propositions vérifiables des sciences naturelles). En sympathie avec *Ornement et Crime* de Loos, Wittgenstein avait écrit une sorte de *Métaphysique et Crime,* la philosophie faisant fonction de police.

En même temps, les projets philosophiques et architecturaux partageaient une même idéologie moderniste : le *Tractatus* témoigne notamment de la possibilité de construire, à partir d'éléments simples, de plus grands ensembles. Sa doctrine concernant les propositions logiques est précisément que toutes les propositions peuvent être formées à partir des tables de vérité élémentaires des propositions simples.

> La mécanique détermine une forme de description du monde en disant : toutes les propositions de la description du monde doivent être obtenues d'une manière donnée à partir d'un certains nombres de propositions données – les axiomes de la mécanique. Ainsi la mécanique fournit-elle les pierres pour la construction de l'édifice de la science et dit : quel que soit l'édifice que tu veux élever, tu dois le construire d'une manère ou d'une autre en assemblant ces pierres et seulement elles[36].

À mon sens, la métaphore architecturale n'est pas accidentelle. Qu'il utilise les verbes *bilden, bauen,* ou les noms *Konstruktion* ou *Bau,* le Wittgenstein du *Tractatus* recherche une image du langage, de la logique et du monde qui part de l'élémentaire et, de là, opère en n'utilisant que la logique. Une fois terminée, la structure ne présenterait alors rien de superflu. À l'époque, cette lecture constructiviste est d'autant plus encouragée que, dans l'introduction de Bertrand Russell à la première édition de l'ouvrage, le philosophe britannique identifiait les points de départ de Wittgenstein à des phrases atomiques et poursuivait la métaphore de la construction par l'idée de « propositions moléculaires » faites à partir de celles-ci[37].

L'admiration précoce de Wittgenstein pour l'architecture de Loos et sa vieille amitié pour Engelmann lui donnèrent des raisons personnelles et esthétiques de s'enthousiasmer pour les plans de ce dernier. Des blocs comme éléments de base caractérisaient les plans d'extérieur de Loos et, à cet égard, son élève Engelmann suivit le maître dans ses premiers dessins (1926) de la structure de base de la maison Wittgenstein. Si Neurath, Carnap et Feigl en sont venus à considérer la forme de vie véhiculée par l'art moderne comme une inspiration pour leur philosophie, Wittgenstein est allé plus loin. Fasciné par les esquisses d'Engelmann, Wittgenstein commença à reformuler chaque détail intérieur de la maison, des fenêtres aux radiateurs. L'accent mis sur les éléments de design « industriel » qui exhibent le fonctionnement interne n'apparaît pas seulement dans le parti pris plus général pour les arêtes vives, mais aussi dans des détails tels que les panneaux de verre transparent qui laissent voir les poulies et les contrepoids de l'ascenseur, ou dans les colonnes

---

■ 36. L. Wittgenstein, *Tractatus Logico-Philosophicus,* trad. fr. G.-G. Granger, Paris, Gallimard, 1993, prop. 6.341, p. 106.

■ 37. B. Russell, *Introduction* au *Tractatus Logico-Philosophicus, op. cit.,* p. XIV.

de style industriel avec leurs sommets encastrés[38]. Dans son parti pris pour des lignes épurées, des éléments simples, des éléments fonctionnels visibles et des espaces vides, la maison de la Kundmanngasse a pris le style des extérieurs de Loos et les a ramenés à l'intérieur. Au moins un historien de l'architecture suggère que les conceptions de Wittgenstein pourraient avoir donné à Loos l'idée d'inclure les intérieurs dans sa campagne contre l'ornementation[39].

En fin de compte, la caractérisation contemporaine la plus frappante du lien entre la philosophie de Wittgenstein et son architecture est venue d'une des autres sœurs de Wittgenstein, Hermine Wittgenstein. Choquée par la froideur formelle de l'édifice, son absence d'ornement et de décoration relaxante, elle l'a qualifié de « *hausgewordene Logik* » (« logique devenue maison ») – une appellation tout à fait appropriée, capturant l'esprit de cette construction à partir du simple, qui caractérise les deux termes de l'équation (*ALW*, p. 32)[40].

Fin 1926, Wittgenstein et Engelmann sont inscrits ensemble comme « Architekten » sur le permis de construire et, en 1928, Wittgenstein signe lui-même au moins un plan comme « Architekt » (*ALW*, p. 9-10). Wittgenstein était tellement absorbé par ses projets architecturaux que, lorsque les membres du Cercle de Vienne (dont Schlick, Carnap, Feigl et Friedrich Waismann) lui firent leurs pèlerinages, à la fin des années 1920, il leur donna la nette impression qu'il en avait terminé avec la philosophie[41].

L'architecture de l'*Aufbau*

Pour Carnap, en 1929, l'architecture se serait présentée comme un excellent exemple de culture moderne. Le nouveau style de construction a dû être un objet de réflexion non seulement dans ses réunions avec Wittgenstein, mais dans ses conversations avec Neurath et dans la série de conférences de 1929 au *Verein*, auxquelles il a participé. Cette série a commencé avec Josef Frank, qui parla du lien entre la vision moderne du monde et l'architecture moderne. La contribution de Carnap était « Pseudo Problèmes de Philosophie :

■ 38. B. Leitner, *The Architecture of Ludwig Wittgenstein : A Documentation, with Excerpts from the Family Recollections by Hermine Wittgenstein*, D. Young (ed.), New York, New York University Press, 1976, p. 82-83, 102-103 ; désormais abrégé *ALW*.

■ 39. Voir B. Gravagnuolo, *Adolf Loos, Theory and Works, op. cit.*, p. 82.

■ 40. Il est bien connu que le second Wittgenstein a rejeté le constructivisme linéaire associé au *Tractatus*. À partir du *Cahier bleu* (dicté en 1933-1934), il introduisit un ensemble de concepts qui critiquaient la notion d'une construction partant d'éléments primitifs. Dans le *Cahier bleu*, par exemple, il rejetait explicitement l'idée qu'il y aurait une essence de l'objet qui pourrait être caractérisée par des conditions nécessaires et suffisantes. À la place, la ressemblance, ou l'unification conceptuelle, a lieu par air de famille, sans qu'une propriété unique spécifiable soit présente dans tous les cas. Plus tard même, dans les *Recherches philosophiques*, Wittgenstein précisa la notion de jeu de langage pour qu'il soit clair qu'il entendait par là désigner plus que le comportement verbal : « L'expression "*jeu* de langage" doit ici faire ressortir que parler un langage fait partie d'une activité , ou d'une forme de vie [*Lebensform*] » (Wittgenstein, *Recherches philosophiques*, trad. fr. F. Dastur, M. Elie, J.-L. Gautero, D. Janicaud et E. Rigal, Paris, Gallimard, 2004, §. 23, p. 39). Mais même dans ces œuvres ultérieures les liens de Wittgenstein avec la culture autrichienne entendue au sens large sont visibles : la notion de forme de vie était, comme je l'ai souligné plus haut, un lieu commun dans l'Autriche d'après la première Guerre Mondiale, et nulle part de façon aussi forte que dans le monde de l'architecture, puisqu'elle tendait à transformer la vie, privée et publique. Certes, dans les mains de Wittgenstein, *Lebensform* était séparé du discours politique de gauche que Gropius, Meyer, Neurath lui avait associé. En aucune façon les architectes et les philosophes dont il est question ici n'ont voulu conférer au terme le sens de relativisme intellectuel qu'il a pris après Wittgenstein.

■ 41. H. Feigl, « The *Wiener Kreis* in America », *op. cit.*, p. 638. Sur les relations de Wittgenstein et du Cercle de Vienne, voir encore *Wittgenstein, der Wiener Kreis und der kritische Rationalismus*.

Dieu et l'âme ». Cet été-là, inspiré peut-être par la série de conférences, le *Verein Ernst Mach* décida de célébrer la décision prise par son chef (Moritz Schlick) de revenir de Stanford à Vienne et de refuser une offre alléchante émanant de Bonn. Leur projet était de rédiger un manifeste incorporant leurs proclamations et invitations antérieures et d'en faire hommage à leur héros de retour. Alors qu'il terminait le brouillon de sa contribution, Carnap écrivait à Neurath : « Vois-tu, je n'arrivais pas à me décider à faire circuler ce brouillon – avec ou sans bénédictions –, même à toi ; cet *Opus* que j'avais rédigé à la sueur de mon front et tapé avec la même sueur. Non, je gardais pour moi l'amère obligation et le doux droit de la dernière formulation. Mais à la toute dernière minute avant la publication, tu peux encore faire des corrections ! »[42].

Dans sa forme finale, la *Wissenschaftliche Weltauffassung* du groupe ressemblait beaucoup plus aux manifestes polémiques de l'art, de l'architecture et de la politique qu'aux volumes compassés de la philosophie. Même le mode de rédaction, avec ses déclamations et ses appels à l'action, ressemblait davantage aux déclarations provocantes des futuristes italiens ou des constructivistes russes qu'aux denses ouvrages philosophiques des hégéliens britanniques ou des néo-kantiens allemands. Grande était son ambition déclarée : « Le Cercle de Vienne ne se limite pas au travail collectif en groupe fermé. Il cherche aussi à entrer en contact avec les mouvements vivants du présent, dans la mesure où ils sont bien disposés envers la conception scientifique du monde et se détournent de la métaphysique et de la théologie » (*ES*, p. 305).

Selon le manifeste, tout devait être fondé sur les éléments d'observation les plus simples, puis construit à partir d'eux : « *D'abord* [la conception scientifique du monde] est *empiriste* et *positiviste* : il n'y a de connaissance que celle qui vient de l'expérience, laquelle repose sur ce qui est immédiatement donné. Cela fixe les limites du contenu d'une science légitime. Deuxièmement, la conception scientifique du monde est marquée par l'application d'une certaine méthode, à savoir l'*analyse logique* ». À travers cette analyse, l'objectif est de parvenir à une science unifiée en « constituant » toutes les théories scientifiques à partir des composantes élémentaires de la perception. Des aspects élémentaires de la psyché individuelle, elle s'élèverait à « un niveau supérieur » contenant des objets physiques ; ceux-ci « constitueraient » alors d'autres esprits et enfin les objets des sciences sociales. Avec cette méthode de construction, la forme constructionnelle [*Aufbauform*] de la science unifiée deviendrait claire (*ES*, p. 309).

La volonté d'« éliminer le millénaire fatras métaphysique et théologique » était une entreprise nettement moderniste et politique, comme l'ont fait remarquer Carnap et ses collègues lorsqu'ils ont considéré que leur différend avec la philosophie traditionnelle résultait de « luttes sociales et économiques féroces ». Le manifeste déclamait : « un groupe de combattants, s'accrochant aux formes sociales traditionnelles, cultive des attitudes métaphysiques et théologiques traditionnelles, dont le contenu a depuis longtemps été dépassé ; tandis que l'autre groupe […] se confronte aux temps modernes, rejette ces

---

42. Carnap à Neurath, 26 juillet 1929, CP, PASP, document 029-15-14.

vues et prend position sur le terrain de la science empirique ». Comme les *Bauhäusler* le faisaient aussi souvent que possible, Neurath, Carnap et les autres ont utilisé le manifeste pour lier leur mission à l'image du machinisme industriel, au « processus moderne de production, qui devient de plus en plus rigoureusement mécanisé et laisse de moins en moins de place aux idées métaphysiques » (*ES*, p. 317). Le modernisme que les deux groupes avaient à l'esprit ne s'arrêterait pas aux frontières traditionnelles de la science ou de l'art ; il devait aussi réformer des aspects fondamentaux de la vie quotidienne. Encore le manifeste du Cercle de Vienne : « Nous voyons l'esprit de la conception scientifique du monde pénétrer de plus en plus les formes de vie personnelle et publique dans l'éducation, la formation, l'architecture et l'organisation de la vie économique et sociale d'après des principes rationnels » (*ES*, p. 317-318).

Comme il fallait s'y attendre, puisque Carnap a participé à sa rédaction, les objectifs fixés par la *Wissenschaftliche Weltauffassung* étaient étroitement liés à ceux de son chef-d'œuvre, qu'il venait d'achever, *Der Logische Aufbau der Welt*, habituellement traduit par *La structure logique du monde*, mais peut-être mieux rendu par *La construction logique du monde*, puisque Carnap utilise les termes *Struktur* et *Strukturform* dans d'autres sens, qui sont différents (*ES* p. 309)[43]. En effet, Carnap a été fortement impressionné par la vision fondationnelle de Bertrand Russell : les objets sont des constructions logiques de simples perceptions sensorielles. En épigramme de l'*Aufbau*, Carnap cite (en anglais) un extrait du livre publié par Russell en 1914, *Our Knowledge of the External World* : « La maxime suprême en philosophie scientifique est celle-ci : Dans la mesure du possible, des constructions logiques doivent être substituées aux entités inférées » (*A*, p. 1 ; *LS*, p. 5). Dans la sténographie qui lui était propre, Carnap a inscrit un commentaire vers la fin du chapitre trois, où Russell soutient qu'une construction simplifiée, conciliant physique et psychologie, est probablement possible, mais qu'il ne savait « pas encore dans quelle mesure cette réduction de nos hypothèses initiales » était réalisable. La remarque se lit comme suit : « Cet approfondissement et cette réduction des hypothèses initiales, c'est ma tâche ! »[44].

Dans l'*Aufbau*, Carnap a essayé de réaliser le programme de construction annoncé dans la *Wissenschaftliche Weltauffassung* et promis en marge de *Our Knowledge of the External World* de Russell :

> À la différence d'autres systèmes conceptuels, un système constructionnel entreprend plus que la décomposition des concepts en différentes espèces [...]. Il tente une dérivation pas à pas, ou « construction », de tous les concepts à partir de certains concepts fondamentaux, de sorte qu'en résulte une généalogie des concepts, dans laquelle chacun a sa place définie. La thèse principale de

■ 43. Dans l'édition originale allemande : « In die wissenschaftliche Beschreibung kann nur die Struktur (Ordnungsform) der Objeckte eingehen, nicht ihr "Wesen" » (*Wissenschaftliche Weltauffassung der Wiener Kreis*, Wien, Artur Wolf , 1929, p. 20. Le volume de Carnap *Der Logische Aufbau der Welt : Scheinprobleme in der Philosophie* [1928], Hamburg, Meiner, 1961, a une section séparée « Die Strukturbeschreibung » (p. 14-15) ; désormais abrégé *A. The Logical Structure of the World : Pseudoproblems in Philosophy*, trad. anglaise R. A. George (1969), désormais abrégé *LS*, est la traduction anglaise standard.

■ 44. Carnap, exemplaire personnel du livre de Russell *Our Knowledge of the External World as a Field for Scientific Method in Philosophy*, Chicago-London, Open Court, 1914, p. 97, *in CP, PASP*. Je remercie Richard Creath de m'avoir indiqué où se trouvait l'exemplaire du livre de Russell qui appartenait à Carnap.

la théorie de la construction pose que tous les concepts peuvent ainsi être dérivés de quelques concepts fondamentaux, et c'est à cet égard qu'elle diffère de la plupart des autres ontologies. [*A*, p. 1 ; *LS,* p. 5]

Même le vocabulaire de Carnap fait considérablement appel aux images architecturales : le système a ses *Grundbegriff, Grundgegenstand, Grundelemente, Grundwissenschaft,* et tous les niveaux qui sont construits à partir d'eux. En effet, en résumant la tâche du philosophe scientifique, Carnap insiste sur le fait que « ce n'est plus à l'individu qu'il appartient d'ériger toute la structure [*Gebaude*] de la philosophie d'un seul coup ». Ailleurs, il ajoute que la tâche du philosophe est celle d'une « longue construction [*Aufbau*], planifiée, de connaissances reposant sur des connaissances » ; « la minutieuse érection, pierre par pierre, d'un solide édifice [*Bau*] sur lequel les générations futures pourront construire » (*A*, p. XIX ; *LS*, p. XVI-XVII).

Il est possible d'interpréter certaines des remarques ci-dessus comme métaphoriques, étant donné qu'un tel fondationnalisme était un vieux thème de la philosophie allemande. Mais dans la préface de l'*Aufbau*, Carnap fait expressément le lien avec l'architecture, et épure son langage d'ordinaire encombré de termes techniques :

> Nous ne nous faisons pas d'illusion : les mouvements de philosophie métaphysique, et de religion, qui critiquent une telle orientation [scientifique], sont redevenus très influents ces derniers temps. D'où vient donc notre confiance dans le fait que notre appel à la clarté, à une science sans métaphysique, sera entendu ? Elle découle de ce que nous savons, ou, pour le dire un peu plus soigneusement, de ce que nous croyons que ces puissances adverses appartiennent au passé. Nous sentons qu'il y a une parenté intérieure entre l'attitude sur laquelle est fondé notre travail philosophique et l'attitude intellectuelle qui se manifeste actuellement dans des domaines de vie totalement différents ; nous sentons cette orientation dans les mouvements artistiques, en particulier dans l'architecture et dans les mouvements qui luttent pour une forme de vie humaine [*Gestaltung des menschlichen Lebens*] qui ait du sens, pour une forme de vie personnelle et collective, de formation et d'organisation extérieure en général. Nous ressentons tout autour de nous la même orientation fondamentale, le même style de pensée et d'action [...] Notre travail se poursuit dans la foi que l'avenir appartient à cette attitude. [*A*, p. XX ; *LS*, p. XVII-XVIII]

Encore une fois, ce que recherche Carnap est plus qu'une contribution à la philosophie, il tente de participer à la création d'une « forme de vie » dont l'*Aufbau*, la conception scientifique du monde et l'architecture moderne font partie. Carnap a terminé la préface de l'*Aufbau* en mai 1928, et le livre est paru plus tard cette année-là. Avec la nouvelle poussée vers l'extérieur du *Verein Ernst Mach* en 1929, les architectes et les artistes dont Carnap espérait qu'ils fissent bon accueil au livre le firent effectivement, et Carnap accepta l'invitation faite par Meyer de venir à Dessau.

Carnap à Dessau

Arrivé à Dessau le mardi 15 octobre 1929, Carnap s'est immédiatement lancé dans une discussion sur la question de savoir si l'on ne devait s'intéresser qu'aux propriétés esthétiques des matériaux. Pour les *Bauhäusler*, il s'agissait d'une question urgente, et la séparation du « fonctionnel » et de l'esthétique divisait les enseignants. Meyer menait la bataille contre l'esthétique au motif qu'il était métaphysique, c'est-à-dire qu'il incluait un contenu purement compositionnel, au-delà de ce qui était exigé techniquement. Après une conférence sur « la science et la vie », Carnap rencontra Ludwig Hilberseimer, une recrue décisive de Meyer pour le département d'architecture. Hilberseimer et ses collègues insistaient sur le fait que non seulement les théories des artistes, mais aussi leurs objets (comme les lampes Bauhaus) contenaient encore de la métaphysique et qu'il fallait les en purger[45]. En fait, les lampes Bauhaus fournissent une illustration exemplaire des tensions dans les tendances en conflit au sein du mouvement.

Répondant au désir de Gropius que l'atelier métal devienne un laboratoire de production industrielle, Moholy-Nagy encourageait les recherches sur de nouvelles installations d'éclairage. De fait, les propres peintures de Moholy-Nagy ont inspiré Wilhelm Wagenfeld et Karl Jucker dans leur création de la plus connue des lampes Bauhaus, qu'ils avaient améliorée en 1924. Il s'agissait d'un design épuré intégrant des éléments géométriques de base : un abat-jour hémisphérique en verre opalescent, une tige cylindrique en verre transparent, un socle en verre en forme de disque et un câblage intérieur visible. Mais, comme souvent, ce que les *Bauhäusler* considéraient comme la quintessence même de l'esprit pratique industriel était perçu de toute autre façon dans l'atelier de fabrication. « Les détaillants et les fabricants ont ri de nos efforts », déplorait Wagenfeld. « Ces dessins, qui semblaient pouvoir être réalisés à peu de frais par des techniques mécaniques, étaient en fait des dessins artisanaux extrêmement coûteux » (*BR*, p. 112). Au moment de la visite de Carnap en 1929, ce conflit entre réalité artisanale et aspirations industrielles avait manifestement fait surface, car c'est la composante artisanale résiduelle que Hilberseimer qualifiait de « métaphysique ». En combinant leurs causes et leur langage, Hilberseimer et Carnap trouvaient un ennemi commun dans l'ornemental et le non-fonctionnel, que ce soit dans les arts décoratifs ou la philosophie métaphysique.

Le mercredi 16 octobre, Carnap donna sa conférence « La construction logique du monde », qui commençait par le cri de ralliement des positivistes logiques :

Il n'y a qu'une seule science (« la science unifiée »), pas de domaines séparés. [...] Car toutes les connaissances dérivent d'une seule source de connaissances : l'expérience – le contenu immédiat de l'expérience comme le rouge, le dur, le mal de dents, et la joie. Ils constituent « le donné ».

■ 45. Journal de Carnap, 15 oct. 1929, CP, PASP, document RC 025-73-03.

En résumé, il soutenait quatre thèses : 1) il n'y a pas de choses en dehors de l'expérientiel – pas de réalisme des choses ; 2) il n'y a pas de forces au-delà des mouvements relatifs – pas de métaphysique de la force ; 3) il n'y a pas de psychologie d'autrui qui ne soit fondée sur l'expérience propre de l'individu, pas de psycho-réalisme ; 4) il n'y a pas d'objets sociaux comme l'État ou le *Volk*. Sur ce dernier point – et cela a dû être bien accueilli par les partisans de Meyer au Bauhaus de Dessau – il insistait sur le fait que la conception marxiste de l'histoire était admissible, car elle était basée sur ce qui pouvait être déterminé empiriquement. Le principal slogan de Carnap : exclure la métaphysique et limiter les énoncés à ceux qui concernent le donné. Par exemple : écarter l'idée de Dieu. Et les sentiments attribués à autrui, ainsi que le *Verstehen* en histoire, *ne sont pas de la connaissance*. Pendant plus d'une heure, les architectes et les peintres du Bauhaus discutèrent vigoureusement de la conférence, jusqu'à ce que Carnap se retire à une heure du matin[46].

Au cours des années qui ont suivi, une grande partie de ce à quoi s'opposait Carnap a perdu sa signification politique directe. Mais, en 1929, les quatre thèses de Carnap avaient une cohérence manifeste dans leur opposition aux puissantes forces de droite qui cherchaient à unifier les idées de *Volk*, de métaphysique, d'État et de Dieu. La revue de la Société allemande de philosophie, *Blätter für Deutsche Philosophie*, fourmille d'exemples. Considérez par exemple le volume de 1929-1930, qui comprenait des éditoriaux comme « Le *Volk* en tant que porteur de l'éducation », « Le sens historico-métaphysique de la Germanité [*Deutschtums*] et son contexte », et des recensions favorables de livres comme *La logique de l'âme, La doctrine de l'État comme organisme, La piété dans le caractère du « Volk »*[47]. Le caractère explicitement politisé, religieux et nationaliste de telles polémiques a contribué à unir, par leur opposition, les modernistes de gauche du Cercle de Vienne et du Bauhaus de Dessau. Les uns comme les autres étaient attachés au rationalisme, à la laïcité et à l'internationalisme, qu'ils espéraient garantir par une construction logique et empirique. Dans les jours qui suivirent, Carnap donna des conférences sur le monde quadridimensionnel et sur les mauvais usages du langage. Suivant son intérêt principal – l'élimination de tout ce qui ne découlait pas des simples éléments unificateurs de l'expérience –, Carnap a soutenu dans une discussion que les *Bauhäusler* ne s'étaient pas encore débarrassés de la métaphysique dans leur travail théorique. Son exemple était que la proposition « le noir ou le blanc sont lourds » n'avait pas d'interprétation directe ; elle n'avait de sens que par association psychologique[48].

Le dimanche, Alfred Arndt emmena Carnap à l'exposition du Bauhaus, où le philosophe fut particulièrement impressionné par les recherches fondamentales du cours préliminaire : théorie géométrique des surfaces et formes faites de papier et de grillage[49]. La fascination de Carnap pour ces formes géométriques éthérées était parfaitement compréhensible : depuis sa thèse de doctorat à

■ 46. Transcription de la conférence de Carnap, « Der logische Aufbau der Welt », 17 oct. 1929, document daté du 10 oct. 1929, CP, PASP, document 110-07-45.
■ 47. Voir les *Blätter für Deutsche Philosophie* 3 (1929-1930).
■ 48. Journal de Carnap, samedi 19 oct. 1929.
■ 49. Journal de Carnap, dimanche 20 oct. 1929.

Iéna sur « l'espace »[50], il avait conservé un intérêt pour la géométrie ; de plus, le sujet de la géométrie, tel qu'axiomatisé et remis à l'honneur par le mathématicien David Hilbert, fournissait un modèle pour le processus de construction qu'il avait en tête pour l'ensemble de la philosophie. Lors de l'exposition des travaux du cours préliminaire, Carnap rencontra Kandinsky pour la première fois ; il n'était évidemment pas surprenant que Kandinsky soit présent, car il était l'un des leaders du curriculum constructiviste. Non seulement Carnap aurait trouvé le sujet de ces explorations géométriques intéressant, mais le sentiment était certainement partagé. La thèse de Carnap sur l'espace et son *Aufbau* étaient cités, par exemple, lorsque les *Bauhäusler* écrivaient sur l'espace[51]. Carnap et Kandinsky partageaient la même foi fondamentale dans une construction partant de l'élémentaire. Dans le livre issu de son cours préliminaire, Kandinsky qualifiait son objectif artistique de science « pratique »[52].

Le travail au Bauhaus est synthèse.
La méthode synthétique comprend naturellement la méthode analytique.
L'interrelation de ces deux méthodes est inévitable.
L'enseignement des éléments formels fondamentaux doit aussi reposer sur cette base.
Le problème général de la forme doit être divisé en deux parties :
1. La forme au sens étroit – le plan et l'espace.
2. La forme au sens large – la couleur et la relation à la forme au sens étroit.
Dans les deux cas, le travail doit commencer par les formes les plus simples et progresser systématiquement vers des formes plus complexes. C'est pourquoi, dans la première partie de l'étude de la forme, le plan est réduit à trois éléments fondamentaux – le triangle, le carré et le cercle – et l'espace est réduit aux éléments spatiaux fondamentaux qui en résultent – la pyramide, le cube et la sphère[53].

La décomposition en parties et la reconstruction à partir de la géométrie et de la couleur avaient un parallèle direct dans le projet de l'*Aufbau* de Carnap. À la place de la couleur et de la géométrie, Carnap et le Cercle de Vienne avaient des énoncés protocolaires (exprimant des expériences sensibles primitives), et des combinaisons de ces énoncés protocolaires au moyen de la logique. Les *Stufenform* [formes d'ascension] de Carnap construisaient la complexité de tous les termes scientifiques à partir de ces éléments, tout comme les formes géométriques élémentaires de Kandinsky constituaient la figure humaine. Dans le *Bauhaus* comme dans l'*Aufbau*, la construction à partir d'éléments simples intelligibles éliminait la métaphysique de l'inutile, du purement décoratif.

■ 50. Carnap, « Der Raum. Ein Beitrag zur Wissenschaftslehre », *Kant-Studien* 56, 1922, p. 1-87 ; trad. fr.P. Wagner, *L'espace*, Paris, Gallimard, 2017.
■ 51. L. Moholy-Nagy, *The New Vision : Fundamentals of Design, Painting, Sculpture, Architecture*, trad. anglaise D. M. Hoffmann, New York, Faber and Faber, 1938, p. 162.
■ 52. W. Kandinsky, *Point and Line to Plane*, trad. anglaise H. Dearstyne, H. Rebay, New York, Solomon Guggenheim Foundation, 1947, p. 20.
■ 53. Kandinsky, « Staatliches Bauhaus Weimar 1919-1923 », Weimar-München, Bauhausverlag, 1923, p. 26 ; réimprimé dans H. M. Wingler, *Bauhaus, op. cit.*, p. 74.

Malgré la tentative de Kandinsky de faire une science « pratique » de la couleur et de la forme, lui et d'autres ont souvent fait référence à la « chaleur » ou au « poids » des couleurs particulières. Évidemment offensé par la qualité « métaphysique » de ces propos, Carnap insistait sur le fait que de telles propositions ne pouvaient être comprises que comme psychologiques. Jost Schmidt, l'un des sculpteurs et peintres les plus versatiles du Bauhaus de Dessau, a prêté une oreille attentive à un tel point de vue. Mais, bien que Schmidt « ait été clair » sur ces questions, Carnap, comme il l'a noté, était impatient de voir Meyer lui-même. Le lundi 21 octobre, Meyer étant de retour, Carnap et lui se sont rencontrés. Bien que Meyer ait été nommé à la tête du Bauhaus de Dessau par Gropius, il était déterminé à rompre avec la vieille garde. Il fit remarquer à Carnap qu'on trouvait, dans le vieux Bauhaus de Gropius, l'expression d'une attitude individuelle et sentimentale[54]. Rien de tel ne serait approprié sous la direction de Meyer, comme il l'avait clairement indiqué dans son article « Construire » paru l'année précédente dans la revue *Bauhaus*. Au lieu de l'historicité ou de la nationalité des sentiments, dans la conception des logements, les éléments de base devaient être fixés de manière empirique :

> Nous déterminons les fluctuations annuelles de la température du sol et, à partir de là, nous calculons la perte de chaleur du sol et la profondeur requise pour les blocs de fondation […]. Nous calculons l'angle d'incidence du soleil en cours d'année en fonction de la latitude du site. Avec cette information, nous déterminons la taille de l'ombre projetée par la maison sur le jardin et la quantité de soleil passant par la fenêtre dans la chambre à coucher […]. Nous comparons la conductivité thermique des murs extérieurs avec l'humidité de l'air extérieur de la maison.

Comme y insistait Meyer, la construction logico-empirique était inséparablement liée à son internationalité : « Ce monde des formes constructif [*konstruktiv Formenwelt*] ne connaît pas de pays d'origine. C'est l'expression d'une attitude internationale en architecture »[55]. Meyer cherchait à rendre l'architecture dans l'idiome neutre et universel de l'ingénierie ; Carnap poursuivait un but analogue en philosophie.

L'interruption du journal coïncide avec la rencontre de Carnap et de Reichenbach, qui venait d'arriver à Dessau pour donner aux artistes leur prochain cycle de conférences sur la philosophie scientifique. Dans les mois qui suivirent, Neurath revint donner deux autres conférences au *Bauhaus*, et Philipp Frank offrit une série de trois présentations sur l'impact de la physique moderne sur les idées d'espace et de temps (*HM* p. 178).

Neutralité et nazisme

La construction de concepts et l'unification des sciences à partir de propositions simples restaient centrales pour les positivistes logiques, à tel point que des interprétations différentes de leur signification contribuèrent à

54. Journal de Carnap, dimanche 20 et lundi 21 oct. 1929.
55. H. Meyer, « Building », *Bauhaus* [Dessau] 2, no. 4, 1928 ; réimprimé dans H. Wingler, *Bauhaus, op. cit.*, p. 154.

une division entre Neurath et Schlick et, pendant une courte période, à des relations tendues entre Neurath et Carnap. Il semble que Neurath ait pensé que sa priorité dans l'invention de ces briques neutres du savoir était mise en question par son collègue.

Si la foi de Neurath dans des fondements scientifiques neutres lui a servi, lors de la révolution de 1919 et de ses suites, dans sa quête d'unité politique, les courants politiques sous-jacents l'ont à nouveau affecté dans les tumultueux débuts des années 1930. Et, encore une fois, Neurath a répondu en adoptant un marxisme technocratique en accord avec sa philosophie plus abstraite. En octobre 1932, Neurath planifia un voyage à Moscou pour discuter, entre autres, de son projet de création d'une annexe de son musée de l'image. Il expliquait à Carnap :

> À la mi-octobre, je dois me rendre à Moscou et je ne suis pas très content d'avoir à faire face à mon idéologie. Là-bas, je suis un spécialiste technique et je m'abstiens de tout argument qui semble ne conduire qu'à des différences. Si aujourd'hui c'est un non, demain c'est un oui, dès qu'il y a un changement dans la ligne du parti. Je me rends compte de tout cela. Mais j'accepte la conséquence de cette abstinence idéologique et je me concentre sur le *technique*.

Dans la même lettre, Neurath passe ensuite, sans aucune rupture apparente, à la philosophie et parle de l'importance et de la priorité de son travail sur les énoncés protocolaires neutres qui sont à la base des sciences unifiées [56]. Il était tellement attaché à l'idée du technique, et tellement opposé à l'idéologique, qu'au début du Cercle de Vienne, il était tout à fait hostile à l'idée même de mentionner « philosophie » en parlant de la nouvelle entreprise. « Le mot "philosophie", écrivait-il à Reichenbach, est surtout chargé de significations associées à "système", "déclarations fondamentales sur le monde", "valeurs", etc. ». Même parler de « philosophie positive » ou de « philosophie exacte », lui semblait dangereux. « Pour nous, le scientifique est au centre, l'indéterminé à la périphérie ! Avec les philosophes, c'est le contraire… ! » [57]. En philosophie comme en politique, Neurath croyait qu'une analyse technique rigoureuse résoudrait des problèmes qui, quand ils étaient empreints de valeurs et de visions du monde, avaient obstinément résisté à toute solution [58].

L'interpénétration des préoccupations politiques, et plus largement sociales, dans le raisonnement de Neurath est beaucoup plus manifeste dans ses lettres que dans ses écrits philosophiques publiés, comme on le voit dans une lettre d'octobre 1932. Dans un passage, il y traitait du problème philosophique de la relation partie-tout, et de la question de savoir si les énoncés élémentaires du système constructif pouvaient être des touts gestaltistes plutôt que les éléments constitutifs de la perception : « Je me demande vraiment comment nous pouvons harmoniser les qualités de *gestalt* de Schlick avec la philosophie des totalités. Donnez-moi un complexe, et j'en ferai un tout. Voilà le slogan ». Sans coup férir, Neurath passe des touts de la philosophie aux fractures de la

■ 56. Neurath à Carnap, 1er oct. 1932, CP, PASP, document 029-12-29.
■ 57. Neurath à Reichenbach, 22 juillet 1929, CP, PASP, document 029-15-15
■ 58. C'est très délibérément que Neurath employait *Wissenschaftliche Weltauffassung* et non *Wissenschaftliche Weltanschauung*, précisément parce que ce dernier terme impliquait une idée de construction de systèmes.

société. « Les larmes me viennent aux yeux… Ce serait à vomir, si on n'avait pas envie de rire. Et derrière tout cela, Hitler […] Voici Dieu et la religion en première ligne, et les vérités ancestrales et le *Volk* allemand, et tout ce qu'il faut pour poignarder un socialiste juif d'un coup de couteau dans la poitrine [..]. Oh Carnap ! Oh monde ! »[59].

Mars 1933, Neurath à Carnap : « Vendredi, le Cercle [s'est réuni pour discuter] des énoncés protocolaires. Schlick était inconvenant ; il était déjà arrogant quand il a commencé et a déclaré que la chose ne l'intéressait pas etc. Waissman à sa façon [s'y est lui aussi opposé]. Ils veulent une expérience instantanée, avec "ici" et "maintenant" ; ils ont contesté le droit de déterminer ces [expériences] au moyen de coordonnées » (ce qui était nécessaire pour les énoncés protocolaires physiques de Neurath, qui devaient être interpersonnels et non pas individuels)[60]. Sur ce point, Carnap aurait été d'accord avec Neurath car, après l'*Aufbau*, il en est de plus en plus venu à considérer comme conventionnels les points de départ de la construction. Et, étant donné cette liberté conventionnelle, Neurath était fermement convaincu que le choix devait être dicté par l'avantage pratique en résultant pour la communauté. Cela exigeait un langage d'effets physiques et non de perceptions individuelles[61]. Compte tenu de cette division et de la rechute de ses collègues dans ce qu'il considérait comme un idéalisme grossier, Neurath ajoutait qu'il pensait que le Cercle de Vienne serait mal représenté par Schlick à la prochaine conférence sur l'Unité de la science. Schlick, craignait Neurath, représenterait le Cercle de Vienne « comme le troisième [Reich] prétend représenter la nation à lui seul »[62]. En conséquence, Neurath était maintenant prêt à dénier toute légitimité à l'aile droite du Cercle de Vienne – y compris Wittgenstein, qu'il jugeait irrémédiablement métaphysicien. Le périmètre du cercle se rétrécissait, alors que Neurath souhaitait une cohorte d'âmes sympathisantes. Quelques mois plus tôt, il avait dit à Carnap : « Je veux faire partie d'une *Gemeinschaft* composée de [Philipp] Frank, Hahn, Carnap, Neurath et de quelques personnes plus jeunes qui soient toutes motivées par l'unité de la science »[63].

À partir de juin 1933, les lettres de Neurath deviennent de plus en plus désespérées. « Tristes moments. Mais je regarde autour de moi pour voir si nous ne pouvons pas trouver des possibilités à l'Ouest. Carnap, Frank, Hahn, Neurath, ce devrait être l'éternel quatuor, car Schlick et ses disciples s'éclipsent, dans un double langage idéaliste »[64]. Même le ressort le plus puissant de Neurath, sa foi dans le pouvoir de l'unité (personnelle, sociale, politique et philosophique) commençait à faiblir. « Jusqu'à présent, écrit-il à Carnap, j'ai eu tendance à souligner le côté positif et à laisser la critique de côté, afin de faire avancer le groupe [*Gemeinschaft*]. Mais je sens maintenant

59. Neurath à Carnap, 9 oct. 1932, CP, PASP, document 029-12-24.
60. Neurath à Carnap, 13 Mar. 1933, CP, PASP, document 029-11-20
61. Carnap, « Intellectual Autobiography », *op. cit.*, p. 51-52.
62. Neurath à Carnap, 13 Mars 1933, CP, PASP, document 029-11-20.
63. Neurath à Carnap, 22 oct. 1932, CP, PASP, document 029-12-19. Même dans le *Tractatus*, Wittgenstein conservait une place restreinte au mystique. Quoique de tels énoncés fussent strictement séparés de ce qui est vérifiable, c'en était déjà manifestement trop pour Neurath.
64. Neurath à Carnap, 18 juin 1933, CP, PASP, document 029-11-14.

– et je le regrette vraiment beaucoup – que je n'ai pas souligné les déficiences du marxisme [...]. On voit combien faibles étaient les composantes de la fondation. Nous devons à nouveau bâtir [*aufbauen*] ; pour cela, le travail factuel est nécessaire, tout comme le refus d'accepter la superficialité marxiste dans ses différentes formes. La jeunesse est prête [...] à reconstruire »[65]. Défaite, la gauche se disloquait et le Cercle de Vienne lui-même commençait à se diviser, sur des lignes politiques.

Pendant que les marxistes et les positivistes étaient en fuite, la Société philosophique allemande célébrait l'arrivée des nazis au pouvoir. Leur congrès d'octobre 1933 s'ouvrit par le chant collectif du *Deutschland Lied* et du *Horst Wessel Lied*[66]. Maintenant, proclama le représentant nazi, la philosophie pourrait s'appliquer au peuple et répondre aux besoins spirituels du *Volk*. Hitler télégraphia des vœux flatteurs, dont un passage disait : « Puissent les forces de la véritable philosophie allemande contribuer à la construction et au renforcement de la vision allemande du monde »[67]. Les philosophes lui donnèrent satisfaction, avec des communications sur la *Deutschtum*, le *Volk*, l'âme et l'esprit.

Moins d'un an plus tard, lorsque le Cercle de Vienne se trouva face aux philosophes de droite, au Congrès international de philosophie de Prague, le choc était inévitable. La principale revue de philosophie nationaliste rapporta, enthousiaste, que le Congrès avait montré que la philosophie se trouvait à un tournant, parce qu'« un certain *Volk* » avait pris sa place dans le développement de l'Esprit du Monde. L'un des héros de la philosophie nationaliste, Hans Driesch, présenta une conférence plénière, plaidant pour le vitalisme et le maintien de la métaphysique. À ce moment-là, le Cercle de Vienne entra en lice, avec ce que ses ennemis caractérisèrent comme « une attaque véhémente et bien organisée », dans laquelle le Cercle qualifiait la métaphysique de vide de sens. Vus de la droite, les positivistes « se sont mis en travers » du concept métaphysique de monde qui devait sous-tendre la vision allemande du monde. Reichenbach critiqua l'organicisme de Driesch comme « mystique », tandis que Carnap déclarait que la place faite aux régularités dans l'organicisme de Driesch était trop insuffisante pour qu'on puisse le considérer comme scientifique. Schlick garda le silence mais, le lendemain, il présenta toute une conférence, « Sur le concept de totalité », dans laquelle il affirma que, si la distinction entre totalités et agrégats pouvait être linguistique ou pragmatique, ce n'était pas une distinction fondamentale : il n'y avait pas de tout qui soit plus que la somme de ses parties[68].

Pour les deux parties, le débat sur le concept de la totalité [*Ganzheitbegriff*] était crucial. Carnap, Reichenbach et Schlick refusaient d'attribuer une réalité transcendante au *Deutschtum*, à la Nation ou au *Volk*, et menaçaient ainsi de saper les principes fondamentaux de l'idéologie de droite. Selon Schlick, dans

■ 65. Neurath à Carnap, 6 avril 1933, CP, PASP, document 029-11-18.
■ 66. [Ndt] Sous le nazisme, hymne officiel des SA, puis du parti national socialiste.
■ 67. « Bericht über die 12. Tagung der Deutschen Philosophischen Gesellschaft zu Magdeburg vom 2. bis 5. Oktober 1933 », *Blätter für Deutsche Philosophie* 8, 1934-1935, p. 65-70.
■ 68. J. Gauter, « Der VIII. Internationale Philosophen Kongress 1934 (vom 2.-7. September in Prag) », *Blätter für Deutsche Philosophie* 8, 1934-1935, p. 437-448, spécialement p. 437- 440.

les systèmes, aussi bien sociologiques que physiques ou biologiques, on pouvait construire des niveaux supérieurs d'organisation à partir d'une compréhension adéquate des individus constitutifs. Il n'y avait tout simplement plus rien à ajouter à la « totalité » ou au « tout ». Pour les nazis et leurs alliés, les individus devaient être plus que des entités isolées ; ils étaient membres de « totalités supérieures », dont l'existence entière et les actes culturels et spirituels ne pouvaient être compris que dans la mesure où ils étaient intégrés dans un héritage plus large, incluant leur matériel génétique[69]. De même avec le Bauhaus : la presse nazie mentionnait ses tendances internationalistes et dénonçait dans l'art du Bauhaus une « construction calculatrice » qui cherchait à abstraire du monde la couleur et la forme pures. Une telle entreprise réduisait l'homme à la condition d'« animal géométrique » et était totalement incapable de rendre compte de l'« essence allemande »[70]. À bien des égards l'idée, commune au Cercle de Vienne et au Bauhaus de Dessau, d'une construction transparente était anathème pour le mouvement nazi ; elle privait l'État, l'architecture et la nature de toute finalité nationale transcendante.

La violence l'a emporté sur l'argument. Neurath écrivait désespéré à Carnap :

> Ne parlons pas des atrocités de la dévastation. *Tous* mes amis soit se tiennent tranquilles, soit sont renvoyés ou arrêtés ou en fuite. [...] Un jeune ami est probablement dans le pire des camps, d'autres ont disparu. Désespoir. Misère. Bert Brecht, Brentano et d'autres sont de l'autre côté de l'Atlantique. Tout le monde part. Nous sommes en train de collecter de l'argent. Et pourtant : continuer à travailler. On sait où l'on se trouve, et où l'on tombe[71].

Ailleurs, Neurath rappelait avec tristesse : « Si j'y repense, combien de ceux que j'ai connus ont été tués ? Rathenau, Landauer, etc. [...] Les quatre cavaliers de l'Apocalypse sont en pleine forme »[72]. Les mêmes cavaliers s'en prenaient maintenant aux alliés du Cercle dans le Bauhaus de Dessau. Car, sous Meyer, la politique de gauche du Bauhaus s'était radicalisée, rencontrant, ce faisant, de plus en plus de problèmes avec la presse et les autorités municipales. Un groupe d'étudiants (environ dix pour cent de la population étudiante) avait formé une cellule communiste. La presse rapportait, à une opposition bien préparée, que les étudiants avaient même chanté des chansons révolutionnaires russes lors d'un carnaval en 1930. Sous des pressions, à la fois extérieures et intérieures au Bauhaus, Meyer démissionna plus tard cette année-là ; sa chute fut facilitée en partie par des accusations selon lesquelles il avait donné au nom de l'école de l'argent à des mineurs en grève (*B*, p. 190-191).

Dans sa lettre de protestation et de démission adressée au maire de Dessau, Meyer rappelait ses réalisations, dont l'extraordinaire série de visiteurs qu'il avait attirés au Bauhaus durant son mandat. Le premier sur la liste était Neurath ; figuraient également en bonne place les noms de Carnap et Feigl. De plus, le soutien des positivistes logiques ne se signalait pas par leur seule

69. *Ibid.*, p. 440-441.
70. P. Hahn, *Bauhaus Berlin : Auflösung 1932, Schliessung Berlin 1933, Bauhausler und Drittes Reich*, Berlin, Kunstverlag Weingarten, 1985, p. 124.
71. Neurath à Carnap, 6 avril 1933, CP, PASP, document 029-11-18.
72. Neurath à Carnap, 13 mars 1933, CP, PASP, document 029-11-20.

présence passée ; Neurath et Josef Frank dénoncèrent, de façon retentissante, la destitution de Meyer de son poste de directeur du Bauhaus. Faisant clairement référence à la participation du Cercle de Vienne, ils rappelèrent à leurs lecteurs que Meyer n'avait pas seulement apporté au Bauhaus des sujets techniques, il y avait plus généralement introduit la conception scientifique du monde (*wissenschaftliche Weltauffassung*). « Selon Meyer, soulignaient Frank et Neurath, seules les personnes ayant une solide compréhension des phénomènes sociaux et de la science pouvaient devenir des architectes ». Une telle orientation scientifique ne faisait qu'un avec la politique : « Il a été un précurseur dans la grande lutte pour la nouvelle forme de vie [*Lebensordnung*] du socialisme. Il était vraiment une épine dans le pied des réactionnaires »[73]. Ayant déjà forgé des liens fondés sur un même sens, internationaliste et constructiviste, de la modernité, les deux mouvements étaient maintenant encore plus proches par leur commune condition : leur persécution par les nazis.

Avec Mies van der Rohe comme nouveau directeur, l'école s'éloigna du marxisme, du sociologique et du fonctionnel pour se rapprocher du formel, de l'élégant et de l'esthétique. C'était une dernière tentative désespérée pour préserver le Bauhaus sous les nazis, dont van der Rohe espérait qu'ils finiraient peut-être par assouplir leur position envers l'école. Mais les professeurs du Bauhaus démissionnaient en masse ; le parti nazi prit le contrôle du parlement de la ville de Dessau et le Bauhaus se retrouva alors sous le feu des critiques pour son style international : le toit plat géométrique, par exemple, n'était évidemment pas adapté aux pays nordiques. Selon les nazis, les modernistes, en contestant la conception traditionnelle des toits, nous renvoyaient dans des régions « orientales », « juives » et « subtropicales » (*B*, p. 195). Après la fermeture du Bauhaus de Dessau en octobre 1932, van der Rohe maintint l'institution en vie pendant encore quelques mois à Berlin[74]. Pius Pahl, alors étudiant au Bauhaus, se souvient que « la fin eut lieu le 11 avril 1933, pendant les premiers jours du trimestre d'été. Tôt le matin, la police est arrivée avec des camions et a fermé le Bauhaus. Les membres du Bauhaus sans papiers d'identité (et qui avait ça ?) ont été chargés dans les camions et emmenés ». Le Bauhaus a été dissous le 10 août 1933 (*B*, p. 196).

Des temps difficiles, écrivait Neurath à Carnap en mars 1933, des temps très durs. Et qu'adviendra-t-il du physicalisme [la doctrine de Neurath pour construire à partir d'éléments expérientiels simples] ? Quand pourrons-nous passer de nos fondations [*Unterbau*] à la superstructure [*Uberbau*] ? Quand ?[75].

■ 73. J. Frank and Neurath, « Hannes Meyer », *Der Klassenkampf : Sozialistische Politik und Wirtschaft 3*, 1930, p. 574-575.
■ 74. Sur les derniers mois du Bauhaus sous Mies van der Rohe, voir H. Dearstyne, « Bauhaus Berlin-Bauhaus Finis », *Inside the Bauhaus*, D. Spaeth (ed.), New York, The Architectural Press, 1986, p. 239-255, et D. Spaeth, *Mies van der Rohe* (1985).
■ 75. Neurath à Carnap, 13 mars 1933, CP, PASP, document 029-11-20.

L'incarnation américaine

Si la superstructure promise a jamais été réalisée, ce fut dans la quatrième et dernière incarnation du Bauhaus, aux États-Unis. Feigl partit pour l'Amérique en 1930 ; Carnap lui emboîta le pas : il quitta Prague en 1936 et s'installa à l'Université de Chicago. Hans Hahn mourut en 1934 et, en 1936, Schlick – déjà très éloigné de Neurath pour des raisons politiques, philosophiques et personnelles – fut assassiné par un étudiant déséquilibré. Pendant quelques années, Neurath vécut à La Haye, aux Pays-Bas, où il poursuivit son travail pour la Fondation internationale pour l'éducation visuelle ; de là, il continua aussi à participer aux travaux de l'Encyclopédie de la science unifiée et à ISOTYPE. La vie plutôt instable qu'il avait refaite s'effondra le 10 mai 1940, quand il put entendre, tout proche, le bruit des combats en Hollande. Le 13 mai, il put voir le ciel rougir au-dessus de Rotterdam et, avec sa collaboratrice et future épouse, Marie Reidemeister, il rejoignit un groupe désespéré de réfugiés se dirigeant dans un canot de sauvetage vers l'Angleterre[76].

Mais le projet moderniste, une entreprise commune à l'ancien Cercle de Vienne et à l'ancien Bauhaus, avait déjà commencé à se reconstituer, sous la direction de Moholy-Nagy, avec la prudente bénédiction de l'Université de Chicago. Venu de Hongrie à Berlin après la Première Guerre mondiale pour assimiler la « technique hautement développée » de l'Allemagne, Moholy-Nagy avait commencé par incorporer à son art des engrenages, des roues et des machines[77]. Bientôt, cependant, son intérêt pour les machines commença à se combiner avec une fascination pour la lumière et la photographie, et l'idée que les différents médias artistiques faisaient tous partie d'une même unité devint un refrain dans son travail. En 1921, il entra en contact avec Hilberseimer et Gropius ; deux ans plus tard, Gropius l'invita au Bauhaus de Weimar pour enseigner, corriger et écrire. Il y resta jusqu'à ce que son conflit avec Meyer l'en chasse.

Alors que la situation s'aggravait en Allemagne, Moholy-Nagy, l'artiste à tout faire, quitta le Bauhaus pour Amsterdam, puis Amsterdam pour Londres, puis pour Chicago. Dans le cadre de sa vision scientifique de l'art, Moholy-Nagy recruta au moins quatre membres du mouvement positiviste pour l'unité de la science. Carnap lui-même a parfois donné des conférences, mais c'est Charles Morris, collègue de Carnap et fervent positiviste logique, qui a entretenu les liens les plus étroits avec le New Bauhaus[78]. Philosophe de l'Université de Chicago, Morris avait servi d'intermédiaire, du côté américain, pour les contacts entre les Américains et le Cercle de Vienne dans les années

---

76. Sur les conditions dans lesquelles Neurath s'enfuit du continent, voir le récit de Marie Neurath dans *ES*, p. 68-73.

77. L. C. Engelbrecht, « The Association of Arts and Industries : Background and Origins of the Bauhaus Movement in Chicago » (Ph. D. diss., University of Chicago, 1973), p. 246-247.

78. L. C. Engelbrecht, « The Association of Arts and Industries », *op. cit.*, p. 286. Sur l'établissement du New Bauhaus, voir aussi W. H. Jordy, « The Aftermath of the Bauhaus in America : Gropius, Mies, and Breuer », in *The Intellectual Migration : Europe and America, 1930-1960*, D. Fleming, B. Bailyn (ed.), Cambridge (Mass.), Harvard University Press, 1969, p. 485-543 ; *50 Jahre New Bauhaus : Bauhaus-Nachfolge in Chicago* (1987) ; et J. Sloan Allen, « Marketing Modernism : Moholy-Nagy and the Bauhaus in America », *The Romance of Commerce and Culture : Capitalism, Modernism, and the Chicago-Aspen Crusade for Cultural Reform*, Chicago, University of Chicago Press, 1983, p. 35-75.

1930. De fait, Morris a joué un rôle de premier plan dans la nomination de Carnap au département de philosophie de l'Université de Chicago. En outre, pendant plusieurs années, Morris avait été l'Américain le plus actif dans l'ambitieuse série de conférences que le Cercle avait organisées sur l'Unité de la science ; il était aussi coéditeur (avec Carnap et Neurath) de l'*International Encyclopedia for the Unity of Science*, qui avait succédé à *Erkenntnis*, la revue du Cercle de Vienne. Au New Bauhaus, Morris amena également deux scientifiques membres du mouvement pour l'unité de la science, Carl Eckart (un physicien) et Ralph Gerard (un biologiste).

Dans le Prospectus du New Bauhaus pour 1937, Morris se souvient : « Moholy-Nagy savait que Rudolf Carnap et moi-même nous nous intéressions au mouvement pour l'unité de la science. Un jour, il nous dit que son propre intérêt allait plus loin : il se préoccupait de l'unité de la vie »[79]. Morris était maintenant prêt à favoriser ce sens élargi de l'unité, en l'inscrivant dans un nouveau cadre nationaliste, de façon à faciliter son accueil dans l'Amérique souvent xénophobe de la fin des années 1930. « Le programme général [du New Bauhaus] s'accorde avec les idées et les besoins américains les plus profonds – l'accord des plans du Bauhaus et de *Art as Experience* de Dewey »[80].

Mais quoi qu'il en soit de la similitude avec le pragmatisme américain, Morris a maintenu la volonté du Cercle de Vienne de réduire toutes les phrases à des énoncés protocolaires. Dans le prospectus du New Bauhaus, il insiste sur le fait que « pour parler de l'art […] de la même manière simple et directe que nous parlons du monde en termes scientifiques, nous avons désespérément besoin d'un langage simplifié et épuré. Aux fins de la compréhension intellectuelle, il faut parler de l'art dans le langage de la philosophie scientifique et non dans le langage de l'art » (*P*, p. 10). En élargissant le programme de la *Wissenschaftliche Weltauffassung* à l'art lui-même, Morris, en un sens, avait fait du projet de l'Aufbau et de celui du Bauhaus une seule et même chose. Tous deux trouveraient maintenant, dans les fondations des énoncés protocolaires, un terrain d'entente et une unité.

Même l'ambition des deux mouvements de produire une « nouvelle forme de vie » trouvait un écho dans l'espoir qu'avait Morris de voir la « mentalité des scientifiques » intégrée à celle de l'artiste. Compte tenu d'une telle formation scientifico-artistique, conjecturait Morris, « il est vraisemblable qu'aucun futur Keats ne se lèvera du New Bauhaus pour lever son verre pour confondre Newton, coupable d'avoir détruit la beauté de l'arc-en-ciel ». Ce sera plutôt « le même homme qui cherche la connaissance et une vie ayant un sens ; et c'est le même monde qui est connu et trouvé sensé. L'art en tant que présentation de ce qui fait sens et la science en tant que recherche de connaissances fiables se soutiennent mutuellement. Chacun fournit à l'autre des matériaux et chacun enrichit humainement l'autre » (*P*, p. 10).

■ 79. Ch. Morris, *Prospectus for the New Bauhaus* (désormais abrégé *P*), Ecole américaine de Design, fondée par l'Association pour les Arts et l'Industrie, p. 10, cote 70-65 F65, collection de l'Institut de design, Bibliothèque universitaire, département des collections, Université de l'Illinois à Chicago (désormais ID/UIC). Morris à Lloyd Englebrecht, 3 juin 1968, ID/UIC.

■ 80. Ch. Morris, « The Intellectual Program of the New Bauhaus », dactylographie inédite, 1937, boîte 87, ID/UIC.

Mais il y a un autre sens dans lequel les deux mouvements se « soutenaient mutuellement », pour parler comme Morris. Chacun a légitimé l'autre. Pour les *Bauhäusler*, le Cercle de Vienne représentait la base solide de la science, la puissance de la technique et l'ère des machines. En tant que tel, il a donné à leur mouvement artistique une crédibilité qui dépassait celle du goût ou du style. Pour les positivistes logiques, leur association avec le monde plus vaste de l'art moderne garantissait leur statut de progressistes et les identifiait avec l'avenir, dans un monde où leurs perspectives philosophiques étaient minces et leurs liens avec la philosophie traditionnelle faibles.

Alors que le programme d'études du New Bauhaus commençait à prendre forme avec le soutien de Moholy-Nagy, Morris a fait de son idéal d'un cours unifié sur l'art et la science une partie fondamentale du programme éducatif du New Bauhaus. Dans un résumé de cours préparé à la fin de la première année scolaire (1937-1938), Morris réitérait ses objectifs : « Le traitement de la science reposait sur l'étude de l'interrelation des termes des différentes sciences ; il s'agissait de montrer l'unité de la science, en montrant comment tous les termes des sciences peuvent être introduits progressivement à partir de quelques termes tirés du langage courant. […] Nous discutons maintenant de la question de savoir dans quelle mesure l'art peut être considéré comme une langue »[81].

C'est dans ce contexte que les écrits publiés par Morris à la fin des années 1930 doivent être compris. Par-dessus tout, il espérait que son cours, selon ses propres termes, « donnerait le correspondant verbal de ce que, si j'ai bien compris, le Bauhaus essaie d'accomplir dans la pratique »[82].

Conclusion : La construction du modernisme

Le cours de Morris au New Bauhaus résume bien ma thèse principale : la construction moderniste de la forme à partir de configurations géométriques et de couleurs élémentaires est un corrélat du développement verbal des théories à partir de la logique et de composants élémentaires de perception. L'artiste et le philosophe s'attachent à la fois au simple et au fonctionnel ; tous deux cherchent à unifier des domaines disparates par le biais d'une fondation commune. Mais ce qui liait le positivisme logique et le Bauhaus allait au-delà des simples parallèles structurels. Les deux mouvements s'appuyaient sur un ensemble commun d'images scientifiques centrées sur la machine ; tous deux appelaient à ce que leurs domaines soient mis en harmonie avec les « méthodes modernes de production ». Ils étaient liés par des relations personnelles et familiales à travers les visites de Feigl, Philipp Frank, Reichenbach, Carnap et Neurath au Bauhaus de Dessau, par la collaboration de Josef Frank avec Neurath et la contribution du premier à la série de conférences du Cercle, et par un processus complexe de légitimation mutuelle : le Cercle de Vienne a donné au Bauhaus une aura scientifique, et le Bauhaus a donné du Cercle de Vienne l'image du mouvement progressiste, animé de l'esprit des réformes d'après la première guerre mondiale. Si les *Bauhäusler* et les positivistes

81. Ch. Morris, « Intellectual Integration », dactylographie inédite, n. d., F73-199 ; 1-2, ID/UIC.
82. *Ibid.*

logiques avaient besoin d'une force extérieure pour les rapprocher encore plus, les anthroposophes et les mystiques l'ont fait au début, tandis que les nazis et les nationalistes l'ont fait par la suite. Dans leur persécution commune, les deux mouvements se sont rapidement retrouvés en héros de l'internationalisme et de l'antifascisme. Au moment où Moholy-Nagy fonda le New Bauhaus à Chicago, il était surdéterminé à faire cause commune avec les positivistes logiques dans la création d'une forme de vie scientifiquement et artistiquement moderne : le positivisme logique épousait la forme de vie souhaitée par le Bauhaus, et la rationalisation des objets de la vie quotidienne effectuée par le Bauhaus jouait un rôle dans la forme de vie préconisée par les positivistes logiques. Tous deux ont tenté d'intérioriser l'image d'un monde de machines qu'ils voyaient de l'extérieur, l'un par le langage, la logique et la pensée, l'autre par la couleur, la géométrie et l'architecture. Les formes de vie personnelle et collective devaient être réformées par les mêmes moyens.

Ce processus d'intériorisation a pris de nombreuses formes mais, plus que tout, les *Bauhäusler* et les positivistes viennois de la fin des années 1920 ont adopté une position neutre, modelée sur leur image de la technique. Ils étaient pour une *politique apolitique* (même quand elle était marxiste), basée sur la planification et l'analyse de l'organisation. C'est ainsi que Neurath a pu trouver un terrain d'entente avec les dirigeants du Bauhaus de Dessau. De même, Meyer et bon nombre de ses collègues mettaient l'accent sur une *esthétique non esthétique,* s'éloignant du monde décoratif, historique, spirituel ou nationaliste, au profit du monde du savoir, fondé uniquement sur une orientation scientifique. Enfin, les positivistes logiques prônaient comme doctrine *une philosophie non philosophique,* une conception du monde du savoir qui ne serait fondée que sur la science. Cette triade de philosophie, de politique et d'esthétique s'appuyait sur une construction partant de principes clairs, techniques et premiers. Réunis, ces éléments devaient former une entreprise commune ; ils devaient être des moments d'un même élan vers un mode de vie « moderne », libéré de l'idéologie et fondé sur une vision de l'ère des machines, sinon de sa réalité.

Si les ailes gauches du Bauhaus de Dessau et du Cercle de Vienne ont fait cause commune en épousant une certaine image de la machine et de la modernité, cela ne signifie pas que l'engagement envers les machines et les choses techniques ait été de gauche, ni que l'opposition de droite ait été nécessairement contre la technique. Bien au contraire. Comme Jeffrey Herf l'a fait valoir avec éloquence dans *Reactionary Modernism*, il y avait toutes sortes de philosophies technologiques qui glorifiaient les nouveaux moyens de transport, de destruction et de communication, tout en refusant à la raison un rôle essentiel dans le comportement des individus et de la société. Ce qui distingue Carnap, Neurath, Meyer, Schmidt et les autres figures dont il a été question ici des technologues de droite, c'est la signification culturelle qu'ils accordent à la technique. Pour la droite, la technique faisait partie d'une glorification du pouvoir et de la domination du travail. Comme l'a dit un écrivain, la technique était définie comme « la mobilisation du monde à travers la *Gestalt* de l'ouvrier », étant entendu que « dans la *Gestalt* se trouve le tout qui englobe plus que la somme de ses parties ». Ce tout signifiait que les symboles de la technique – le barrage hydroélectrique, les tanks, les motocyclettes – devaient être considérés comme une partie inséparable d'un nouvel ordre mondial autoritaire, dans lequel la technique était inséparable des intentions et des désirs du travailleur-soldat[83]. Bien que la droite et la gauche aient partagé une image de la modernité incarnée par la technique, rien ne pouvait être plus éloigné d'une lampe Bauhaus transparente ou de l'image quasi axiomatique de la philosophie que Carnap présentait dans son *Aufbau,* dans lequel chaque action avait son but et sa fonction visibles. La technique, comme le modernisme en général, était un terrain idéologique disputé.

Si l'on revient sur cette ambition moderniste aujourd'hui, où le modernisme est réexaminé, on ne peut plus tenir pour acquises les prétentions à la neutralité. Il est clair que beaucoup de produits Bauhaus baignaient dans un style qui non seulement n'était pas indépendant de la fonction pure, mais qui souvent entravait la fonction. De même, à la fin des années 1930, à mesure que le temps passait, la conviction qu'une approche purement technique des problèmes sociaux pouvait éviter la politique a commencé à perdre de la force. Comme fascistes, communistes et démocrates-chrétiens l'avaient combattue jusqu'au bout dans les années 1930, il ne restait plus de zone démilitarisée pour la neutralité sociale, artistique ou philosophique. Même le domaine de la philosophie n'occupait aucune position neutre privilégiée. Aux États-Unis et en Angleterre, où le positivisme logique avait trouvé accueil, la métaphysique (et l'antimétaphysique) n'était plus chargée du poids politique qu'elle avait dans le monde germanophone des années 1920 et 1930. Coupé de ces racines, l'idéal d'une philosophie sans métaphysique semblait de plus en plus insaisissable au fil des années.

Pendant une courte période, cependant, l'idéal carnapien d'une « vie unique » aux dimensions artistiques et scientifiques sembla possible. C'était le rêve d'un monde où un ingénieur rationnel pourrait façonner non seulement les bases de la philosophie et de l'architecture, mais aussi le mode de vie qui les accompagnait. En associant le Cercle de Vienne à cet effort culturel plus large, le « moderne » dans « philosophie moderne » acquiert un sens plus profond que le simple mécontentement à l'égard de ce qu'il y avait avant. Dans les années qui ont suivi, certains ont vu dans le positivisme logique l'ennemi juré d'un postmodernisme progressiste et holistique. D'autres ont défendu l'ancien positivisme logique comme le dernier vestige de la pensée des Lumières contre une droite obscurantiste. Selon moi, la recherche de nouvelles orientations en philosophie des sciences doit être intégrée à une réévaluation culturelle et historique, non seulement des positivistes logiques mais aussi des mouvements philosophiques anti-positivistes du milieu des années 1960. Je soupçonne qu'une telle réévaluation placerait les anti-positivistes aussi solidement à l'intérieur, et non à l'extérieur, de la tradition moderniste particulière à leurs « adversaires ». Une alternative au modernisme en histoire et en philosophie des sciences nécessiterait, me semble-t-il, de considérer la science comme un

---

■ 83. J. Herf, *Reactionary Modernism : Technology, Culture, and Politics in Weimar and the Third Reich,* Cambridge, Cambridge University Press, 1984, p. 101-108.

ensemble varié de pratiques scientifiques qui s'entrecroisent, sans un niveau fondationnel privilégié, qui reposerait sur l'observation ou sur des hypothèses théoriques. Cette caractérisation serait expressément contextuelle : chaque volet de la pratique, instrumentale, théorique ou expérimentale, s'inscrirait dans un monde culturel plus large. Dans une telle configuration, la force de l'entreprise scientifique ne viendrait pas d'une « fondation » privilégiée, mais des traditions qui se mêlent à la pratique. Mais, quelle que soit la prochaine route que nous suivions en philosophie des sciences, nous ne pouvons que tirer profit d'une compréhension plus approfondie du modernisme, aujourd'hui lointain – mais toujours captivant –, de la Vienne de 1929[84].

Peter Galison

▧ 84. La vision moderniste de la science qu'avaient les positivistes logiques a eu un effet profond sur l'histoire des sciences écrite dans les années 1930, 1940 et au début des années 1950.

▧ Pendant des années, l'histoire des sciences a accepté l'affirmation des positivistes selon laquelle le savoir s'est construit à partir de briques neutres : c'est sous l'influence directe de la *Weltauffassung* des positivistes que James Conant et ses associés ont produit dans les années 1940 les *Harvard Case Studies in Experimental Science*, minimisant la théorie et faisant de l'histoire de l'expérimentation l'histoire d'une activité décontextualisée et transparente que les historiens pensaient être « observation ». Lorsque la réaction contre le positivisme logique s'est installée dans les années 1960, la hiérarchie s'est inversée mais elle est restée hiérarchique. Paul Feyerabend, Thomas Kuhn, et d'autres ont fait de la théorie, et non de l'observation, leur *Grundelemente* et ont fait de l'observation le reflet et la codification d'une base théorique. Les historiens ont de nouveau emboîté le pas, et l'on retrouve, dans les années 1960 et 1970, une foule d'articles démontrant la charge théorique de l'observation – et donc la primauté de la théorie. Pour une discussion sur ces thèmes et quelques brèves remarques sur les alternatives, voir P. Galison, « History, Philosophy, and the Central Metaphor », *Science in Context* 2, 1988, p. 197-212, et P. Galison, *How Experiments End*, Chicago, The University of Chicago Press, 1987 ; trad. fr. B. Nicquevert, *Ainsi s'achèvent les expériences*, Paris, La Découverte, 2001.

ABSTRACTS

R. Carnap

Carnap, Space and Neo-Kantianism
Pierre Wagner

Although Carnap is mostly known for his adherence to logical empiricism, rejecting the notion of the synthetic *a priori* and Kantian metaphysics in general, his thesis on space (1922) was written in the twofold context of the multifarious neo-Kantianism of his time and the mathematical, physical and philosophical thinking on the concept of space. In his thesis, as well as in the 1920 dissertation on geometry, Carnap endeavours to solve the difficulties raised by the concept of space by distinguishing between its various meanings and kinds. He thereby advocates an original position which borrows from different forms of neo-Kantianism without being reducible to any of them.

Carnap and Categories
Ansten Klev

This paper gives an overview of what remains of the doctrine of categories in Carnap's writings. The notions of categories play a particularly important role in the book *Der logische Aufbau der Welt*, but they are also to be found in many others of his works. His thesis alludes to categories in many places. His approach of logic was for a long time based on the theory of types, an embodiment of the doctrine of categories in modern logic. And his view of unified science is best understood in terms involving the notion of category.

Carnap, Quine and Analyticity
François Schmitz

To accomodate his empiricism to the fact that logical and mathematical « truths » seem independent of what is the case in the world, Carnap endorsed and carefully elaborated on Wittgenstein's thesis in the *Tractatus*, that logical and mathematical statements do not say anything about the world : they are « analytic ». His disciple and friend Quine eventually rejected both the notion of analyticity and the division between analytic and synthetic statements. A philosophical debate then followed between the two men, which was exemplary by its rigor and intellectual honesty. This paper gives an account of the main lines and issues in that debate.

Carnap as Aufklärer
Christian Bonnet

By his defense of free critical thinking and toleration, his rejection of individualism, his belief that rational knowledge can both contribute to the betterment of one's private and social life and to the development of one's possibilities, Carnap belongs to the Enlightenment tradition. Far from focusing exclusively on logical or epistemological issues, he takes the philosophical question of values for the most important of all, and he acknowledges the essential part played by affectivity in human life, which cannot find satisfaction in conceptual thought only – as the poet's or musician's expression of « life awareness » shows.

Aufbau/Bauhaus : Logical Positivism and Architectural Modernism
Peter Galison

This paper, originally published some thirty years ago, offers different views on Carnap, and more generally on the Vienna Circle, than the accounts that had been hitherto given. There the Author also shares a new approach to the philosophy of science, which has made him one of the most distinguished epistemologists of his generation. Such a view is based on a new attention given both to scientific practices, not only theories, and to their socio-historical contexts.

FICHE DOCUMENTAIRE

2ᵉ TRIMESTRE 2020, N° 161, 130 PAGES

Le dossier de ce numéro des *Cahiers philosophiques* est consacré à la philosophie de Carnap.

La rubrique « Introuvables » propose, en complément de ce dossier, la traduction d'un article de P. Galison consacré aux relations entre le positivisme logique et le Bauhaus.

Mots clés

Rudolf Carnap : 1891-1970 ; Otto Neurath : 1882-1945 ; analytique ; architecture, Bauhaus ; construction ; critique ; empirisme ; espace ; néokantisme ; logique ; positivisme ; métaphysique ; science ; Vienne

La construction logique du monde
Rudolf Carnap

Traduction de Th. Rivain. Introduction et révision par E. Schwartz

L'œuvre de Rudolf Carnap domine tout un pan de l'histoire et de l'actualité de la philosophie contemporaine. *La construction logique du monde* (1928), ouvrage issu de sa thèse d'habilitation à l'Université de Vienne, révèle toute l'originalité d'un « premier » Carnap longtemps associé au Cercle de Vienne et au programme néo-positiviste de critique de la métaphysique.

Dans cette œuvre fondatrice, Carnap s'engage dans un programme de reconstruction de l'intégralité de la connaissance du monde sensible et physique à partir de l'expérience individuelle.

Longtemps recouvert par les effets des critiques adressées au vérificationnisme viennois ou à sa conception de la logique – que Carnap, lui-même logicien, remaniera en profondeur par la suite – l'*Aufbau* demeure un texte majeur, non seulement par la place qu'il occupe au sein de l'œuvre de son auteur, mais bien au-delà, par ses apports à toute l'épistémologie contemporaine.

Vrin – Mathesis
368 p. – 13,5 x 21,5 cm – 2002
ISBN 978-2-7116-1584-1, 34 €

Testabilité et signification
Rudolf Carnap

Traduction de Y. Benétreau-Dupin, relue par D. Chapuis-Schmitz
Introduction de P. Wagner.

Testabilité et signification est un classique de la philosophie des sciences. L'auteur y expose sa célèbre analyse des termes dispositionnels (« soluble dans l'eau », « fragile », etc.) en montrant quelles difficultés soulève leur définition.

Carnap livre également ici ses réflexions sur la nature de l'empirisme et sur le rapport du langage à la philosophie, offrant ainsi, dans ce texte, l'une des premières expositions du problème contemporain de la confirmation, soigneusement distinguée de la vérification et du test.

Historiquement, l'ouvrage est aussi marqué par un mouvement de transition : celle de la langue allemande à l'anglais d'adoption, celle de l'émigration de son auteur, de Prague à Chicago, celle d'une pensée d'origine européenne venue, sur le chemin de l'exil, à la rencontre de la philosophie américaine.

Vrin – Mathesis
160 p. – 13,5 x 21,5 cm – 2015
ISBN 978-2-7116-2609-0, 24 €

Les fondements philosophiques de la physique
Une introduction à la philosophie des sciences
Rudolf Carnap

Traduction de J.-M. Luccioni et A. Soulez. Avant-propos d'A. Soulez

Dans cet ouvrage, fondé sur des entretiens et prolongeant un séminaire tenu en 1946 à Chicago, Rudolf Carnap explore ce que sont les concepts, les théories et les méthodes des sciences physiques. Qu'est-ce qu'une loi physique et à quoi sert-elle ? Quel rapport y a-t-il entre les entités théoriques champ magnétique, électron, etc.) et les faits observables ? La causalité implique-t-elle la nécessité ? Autant de questions fondamentales se trouvent ainsi traitées dans l'esprit de la « philosophie des sciences » que les membres du Cercle de Vienne avaient appelée de leurs vœux, en particulier dans leur célèbre *Manifeste* (1929).

Vrin – Mathesis
336 p. – 13,5 x 21,5 cm – 2020
ISBN 978-2-7116-2876-6, 34 €

Derniers dossiers parus

Cahiers Philosophiques

BULLETIN D'ABONNEMENT

Par courrier : complétez et retournez le bulletin d'abonnement ci-dessous à :
Librairie Philosophique J. Vrin - 6 place de la Sorbonne, 75005 Paris, France
Par mail : scannez et retournez le bulletin d'abonnement ci-dessous à : fmendes@vrin.fr
Pour commander au numéro : www.vrin.fr ou contact@vrin.fr

RÈGLEMENT

❑ France
❑ Étranger

❑ Par chèque bancaire :
à joindre à la commande à l'ordre de
Librairie Philosophique J. Vrin

❑ Par virement sur le compte :
BIC : PSSTFRPPPAR
IBAN : FR28 2004 1000 0100 1963 0T02 028

❑ Par carte visa :

_ _ _ _   _ _ _ _   _ _ _ _   _ _ _ _

expire le : _ _ / _ _

CVC (3 chiffres au verso) : _ _ _

Date :

Signature :

ADRESSE DE LIVRAISON

Nom
Prénom
Institution
Adresse

Ville
Code postal
Pays
Email

ADRESSE DE FACTURATION

Nom
Prénom
Institution
Adresse
Code postal
Pays

ABONNEMENT - 4 numéros par an

Titre	Tarif France	Tarif étranger	Quantité	Total
Abonnement 1 an - Particulier	42,00 €	60,00 €		
Abonnement 1 an - Institution	48,00 €	70,00 €		
			TOTAL À PAYER :	

Tarifs valables jusqu'au 31/12/2020

* Les tarifs ne comprennent pas les droits de douane, les taxes et redevance éventuelles, qui sont à la charge du destinataire à réception de son colis.